AF384064

LE CLERGÉ

ET

L'ENSEIGNEMENT SECONDAIRE SPÉCIAL

LE CLERGÉ

ET

L'ENSEIGNEMENT

SECONDAIRE SPÉCIAL

PAR

M. l'abbé G. SECRETAIN

Professeur de littérature
au Pensionnat Saint-Urbain, à Angers.

OUVRAGE APPROUVÉ PAR MONSEIGNEUR L'ÉVÊQUE D'ANGERS

TOURS

ALFRED CATTIER ÉDITEUR

PARIS, A. LARCHER, LIBRAIRE, RUE BONAPARTE, 87

—

1888

ÉVÊCHÉ
D'ANGERS

—

Angers, le 11 mai 1888.

Mon cher Abbé,

J'ai lu avec beaucoup d'intérêt votre livre sur le *Clergé et l'Enseignement secondaire spécial*. Fruit de longues recherches et de sérieuses réflexions, cet ouvrage me paraît de nature à faire comprendre toute l'importance d'un genre d'études rendu indispensable par le développement du commerce et de l'industrie. Je vous sais gré tout particulièrement d'avoir montré, avec preuves à l'appui, que le clergé français n'avait pas attendu notre époque pour tracer le plan et réaliser le programme de ce qu'on appelle aujourd'hui, improprement peut-être, l'enseignement secondaire spécial. Il est grandement à souhaiter que les prêtres s'appliquent de nos jours à ces matières avec la même ardeur qu'ils ont su porter dans les études classiques. Pour vous, mon cher abbé, qui joignez l'exemple au précepte dans l'un des établissements qui me sont le plus chers, je ne puis que vous féliciter d'avoir consacré votre talent à la défense d'une cause si utile ; et c'est de grand cœur que je m'empresse de vous témoigner ma reconnaissance, avec l'expression de mon affectueux dévouement.

† Ch.-Emile, Év. d'Angers.

INTRODUCTION

***

Un enseignement récent, né des circonstances, a surgi depuis quelques années, c'est l'enseignement secondaire spécial, qui, selon mon avis, devrait bien plutôt porter le nom d'enseignement secondaire français[1]. A défaut du prestige qui entoure les études classiques, et de la consécration du temps, il a de nombreuses et importantes sanctions[2], une organi-

[1] La majorité de la commission chargée d'élaborer, en 1865, l'organisation de l'enseignement secondaire spécial, avait adopté la dénomination d'enseignement secondaire français. L'amendement proposé à ce sujet a été rejeté par le conseil d'État; mais il y a tout lieu de croire que l'on reviendra d'ici quelques années sur cette décision, malgré l'avis de la commission de 1886. (Voir le rapport de M. Chauchard, au corps législatif juin 1865, et celui de M. Rabier, 27 juillet 1886, p. 31)

[2] Consulter à la fin du volume les documents officiels.

sation essentiellement pratique. Ces deux
qualités le rendent recommandable aux familles. Il existe, en effet, depuis le commencement du siècle toute une société d'individus
qui ont besoin de notions de langues et de
sciences plutôt positives que spéculatives. De
plus, les chemins qui conduisent aux différentes
fonctions militaires ou civiles sont tellement
encombrés qu'il est nécessaire d'ouvrir de
nouveaux débouchés. C'est donc rendre service
à la cause publique que d'éclairer l'opinion
sur cette question de pédagogie utilitaire. Le
clergé doit y trouver profit.

En mettant la main sur l'enseignement classique, et en prenant sous sa protection l'instruction primaire, il s'est assuré la reconnaissance
des classes supérieures et des classes inférieures, qu'il a soumises à son influence moralisatrice. En s'emparant de l'enseignement secondaire spécial, il fera également une œuvre de
sagesse et de bienfaisance, dont les conséquences n'échapperont à aucun esprit sérieux.
Le rôle réservé aux hommes de la classe moyenne
devient de plus en plus prépondérant. Il est en
voie dans certaines contrées d'effacer celui qui
était jusque-là dévolu aux hommes de la classe

dirigeante ; ainsi le travail que j'ai entrepris est loin d'être inutile, puisque, d'un côté, il sert les intérêts de nombreuses familles, et que, de l'autre, il engage le clergé à s'occuper d'une question d'ordre supérieur et à se jeter dans la lutte qui va se livrer sur ce terrain découvert de la veille. C'est non seulement pour nous une raison d'intérêt religieux, qui se débat, mais un point d'honneur qui est engagé dans la cause de l'enseignement secondaire spécial.

Cet enseignement est notre propriété ; c'est nous en effet qui l'avons mis au jour, comme je le dirai plus loin, au xviie et au xviiie siècle, il nous appartient donc de le suivre dans ses développements et dans les modifications que nos adversaires lui ont fait subir, pour voir le parti qu'ils en ont tiré, et pour s'assurer s'il n'est pas devenu entre leurs mains une arme dangereuse dirigée contre l'Église.

Toutes ces considérations m'avaient déterminé à publier une série d'articles consacrés à l'enseignement secondaire spécial. J'avais joint aux études purement pédagogiques une thèse sur l'éducation, dans le but de servir encore davantage les intérêts de la classe aisée : on ne peut séparer selon moi l'instruction de l'œuvre de la formation morale; puis j'avais confié ma fortune à la bienveillance des journalistes du département du Maine-et-Loire[1]. Le public a bien voulu accueillir mon travail avec une sympathie encourageante. Plusieurs de mes amis, dont les suffrages sont pour moi un honneur, satisfaits de ce succès, m'ont persuadé qu'il serait utile à la religion de réunir en un corps de doctrine ces théories jetées sur ce papier au hasard de la plume, j'ai suivi leur conseil dans la pensée que je pourrais, par ce moyen, favoriser le bien des âmes et servir mon pays. Voilà l'histoire de mon livre, je l'ai écrit sans prétention, en conservant à mon travail, autant qu'il m'était possible, son caractère primitif. Puisse le lecteur y trouver son plaisir et en même temps son intérêt.

[1] *L'Anjou*, le *Maine-et-Loire*, l'*Union de l'Ouest*.

LE CLERGÉ

ET

L'ENSEIGNEMENT SECONDAIRE SPÉCIAL

CHAPITRE I

DE L'ENSEIGNEMENT SECONDAIRE SPÉCIAL. — SA NÉCESSITÉ

En France, on a l'habitude de se moquer de tout ce qu'on ne connaît pas. Cette remarque du chevalier Temple au XVIIe siècle n'a pas cessé d'être vraie. Aujourd'hui encore, malgré les terribles enseignements du passé, une foule de gens tournent en ridicule les choses les plus graves, parce qu'ils les ignorent ou ne les connaissent qu'imparfaitement.

Les questions de l'enseignement classique n'ont pas échappé à cette méthode d'appréciation superficielle. L'enseignement spécial, en particulier, a été d'autant plus exposé aux pointes de l'ironie qu'on le connaissait peu. Il n'a fallu rien moins que la publicité donnée en 1886 aux nouveaux programmes pour arrêter un enjouement de si bon ton. Quand on a vu que les études de cet enseignement aboutissaient à un baccalauréat ; quand on a su que ce baccalauréat, le baccalauréat français, donnait droit au concours pour l'enregistrement, les manufactures nationales, l'École forestière, l'École polytechnique, l'École spéciale militaire ; quand on eut appris que ce baccalauréat ouvrait toutes larges les portes des administrations publiques, la presse, en particulier, la grande presse parisienne, s'émut. Le fameux : « Annibal est aux portes » a été prononcé ; et, pendant que les partisans de l'enseignement classique défendaient à outrance l'ancien système d'études grecques et latines, les tenants de l'enseignement nouveau criaient bien haut le mot de Sieyès : « L'enseignement secondaire spécial, qu'est-il ? Rien. Que doit-il être ? Tout. »

Je n'ai pas l'intention de me jeter au travers de cette nouvelle querelle comparable, à certains égards, à la fameuse question des anciens et des modernes, qui a divisé tout le xvii⁰ siècle. Je crois que l'enseignement du latin demeurera en France ce qu'il a été, le patrimoine des gens cultivés, qui forment la classe dirigeante de la société. Un peuple ne remonte pas impunément le cours de son histoire et de ses traditions, et il faudrait désespérer à tout jamais de la haute littérature, de la grande éloquence, de la philosophie et même de la civilisation en France, si les vieilles études classiques étaient abandonnées.

Cependant, il est un fait incontestable, c'est que le nouvel enseignement a conquis droit de cité et qu'il a pour patrons d'excellents esprits de l'Université et de chauds partisans de l'enseignement classique, tels que MM. Berthelot, Bréal, Fustel de Coulanges, Gréard, Vintéjout, Voigt, Zévort et beaucoup d'autres encore.

Un système d'études qui a pour lui de si hautes sympathies, doit nécessairement avoir sa raison d'être dans l'état actuel de la société ; tel est l'objet de cette première thèse.

On ne peut nier que l'établissement d'écoles spéciales, au moins dans les grands centres, ne soit très profitable au développement de l'industrie dans un pays.

L'Église, qui s'est toujours préoccupée des questions sociales, l'avait compris bien avant que M. Jules Simon eût exposé ses fameuses théories sur les écoles professionnelles.

Au moyen âge, en effet, à côté des grandes universités, s'élevaient des écoles spéciales, où l'on formait à l'étude des arts et des sciences mécaniques ces artistes dont nous admirons aujourd'hui les chefs-d'œuvre dans nos basiliques et dans nos musées. Il va de soi que, pour produire des ouvrages si parfaits d'architecture, de sculpture, de peinture et surtout de peinture sur verre, il a fallu aux jeunes ouvriers des études préliminaires de mathématiques appliquées, de perspective et de dessin. Mais ces écoles, si profitables au perfectionnement des arts pratiques, sont aujourd'hui indispensables.

Avant le xixe siècle, il n'y avait guère qu'une seule source de richesses : la propriété foncière.

Le commerce, abandonné aux mains de deux ou trois nations privilégiées, entravé par une multitude de préjugés, de compétitions, était loin de jouir de la considération dont il est aujourd'hui entouré. Les grandes industries n'étaient qu'en germe, et il suffit de lire les chapitres du *Siècle de Louis XIV*, sur les arts et sur les sciences appliquées, pour se rendre compte de la marche que l'esprit d'invention et de découverte a fait faire aux nations civilisées.

Depuis le commencement du siècle, les voies ferrées, créées d'abord en petit nombre, se sont multipliées à l'infini, reliant entre eux les centres industriels et commerciaux les plus éloignés. Grâce à la vapeur, de nombreux vaisseaux sillonnent les mers, emportant avec eux les richesses du vieux continent, en échange des denrées de mondes nouveaux. Mille découvertes sont venues, que l'industrie a accaparées, pour multiplier et perfectionner ses produits. Les métiers sont devenus des arts. Partout règne une activité fébrile. La lutte n'est pas seulement en Europe, elle est aux États-Unis, au sud de l'Amérique, en Asie, jusque dans les îles de l'Océanie. Les nations de l'Europe ont dû s'ouvrir des débouchés importants. Ce n'est plus seulement l'Angleterre et la France qui se disputent, comme au siècle dernier, la possession des mers, le moindre peuple doit avoir de nombreux comptoirs, un empire colonial, s'il ne veut mourir de pléthore. C'est ici véritablement la « lutte pour la vie ». En définitive, la victoire ou le salut n'appartiendra qu'à la nation la plus active, la plus ingénieuse, la plus éclairée.

On comprend qu'en présence de pareilles exigences, il ait fallu créer un nouveau système d'instruction. Pour un grand nombre, les études anciennes, adaptées aux besoins d'une société disparue, devenaient inutiles. Or, l'enseignement primaire suffisant à l'ouvrier, à l'homme de bras, demeurait incomplet pour le chef d'atelier ou d'exploitation agricole, pour le maître de l'usine ou l'employé supérieur de commerce dans les grandes villes. Un enseignement moyen s'imposait de toute évidence.

Cette nécessité a paru telle que tous les gouvernements de l'Europe se sont intéressés à cette grave question d'économie sociale. De toutes parts on a créé, à côté de l'enseignement secondaire et au-dessus de l'enseignement primaire, un cours d'enseignement spécial pour les classes moyennes de la société.

L'Allemagne a été la première à se mettre à l'œuvre, et elle l'a fait avec une activité que le succès a couronnée.

Pendant qu'une littérature nouvelle, puisée aux sources nationales, achevait de supplanter l'influence française qui s'était introduite sous Louis XIV et Louis XV, pendant que les chaires des universités retentissaient de la voix de professeurs illustres dans les lettres, dans les arts et dans la philosophie, des gymnases s'élevaient de toutes parts ; on créait, à côté, des écoles spéciales destinées à favoriser l'industrie, le commerce et l'agriculture. La Prusse donnait l'exemple et s'imposait de durs sacrifices. Sans doute, la perfection ne fut pas atteinte du premier coup, mais aujourd'hui, dans la plupart des centres, les *Realschulen* fonctionnent, munis de programmes excellents et variant suivant les besoins de la localité.

Ce grand mouvement favorable à l'enseigne-ment moyen a été suivi non seulement par l'Au-triche, qui, elle aussi, a créé des Realschulen, par la Belgique, qui a élevé de toutes parts des écoles professionnelles, mais par l'Italie, qui a ouvert des établissements techniques, sortes d'instituts nécessaires aux architectes, aux ar-penteurs, aux négociants, aux ingénieurs. La Suisse a doté chacun de ses cantons d'un gym-nase et d'une Realschule.

En Angleterre, l'enseignement spécial existe de fait depuis plus d'un demi-siècle et il jouit de la plus grande considération auprès des ban-quiers, des industriels et des commerçants, qui exigent de leurs employés entrants le diplôme décerné par ces établissements techniques.

Cette claire-vue des besoins du présent n'a pas été le seul privilège des nations voisines. Bon nombre d'esprits sérieux en France ont re-connu la nécessité d'un enseignement moyen. Seulement cette idée, pour se faire jour, a eu à lutter contre des préventions inquiètes ou jalouses, qui n'ont pas encore disparu.

Dès le xvii° siècle, la thèse de l'enseignement spécial a eu des partisans. Je me contenterai de citer le témoignage de l'abbé Fleury. « La société, disait-il, doit conformer ses études à l'état présent des mœurs et é' lier les choses qui sont d'usage dans le monde, puisqu'on ne peut changer cet usage pour l'accommoder à l'ordre des études [1]. »

Au xviii° siècle, Rolland d'Erceville parlait d'une manière encore plus explicite au sein du parlement de Paris, dont il était président. Il s'agissait d'étudier de nouveaux plans d'études à suivre dans les collèges. « Faut-il, disait d'Erceville, que celui qui n'a ni goût pour l'étude des langues anciennes, ni besoin de les cultiver, reste sans culture et sans instruction ? Les écoles ne sont-elles destinées qu'à former des ecclésiastiques, des avocats, des magistrats, des gens de lettres ? L'étude des langues anciennes doit-elle être l'unique occupation d'un peuple instruit et

---

[1] Voir le *Traité du choix et de la méthode des études*, ch. xiv.

éclairé ? Au contraire, toutes les sciences ne devraient-elles pas avoir leur enseignement ? Le commerce et les arts industriels ne devraient-ils pas trouver dans les collèges les connaissances nécessaires [1] ? »

N'est-ce pas là précisément l'objet de la thèse que je soutiens ? Ces nobles paroles ne demeurèrent pas stériles ; l'idée qu'elles contenaient germa, et, si elle ne produisit que des fruits tardifs, la faute en est seule aux événements qui troublèrent la fin du siècle dernier.

Cependant, la Convention nationale avait décrété, le 17 septembre 1793, la création d'écoles d'arts et de métiers, d'agriculture, de commerce et de dessin, et Napoléon avait jeté, pendant les Cent-Jours, les fondements de l'enseignement professionnel.

Sous la Monarchie de juillet, MM. Cousin et Saint-Marc Girardin sont envoyés en Allemagne, pour étudier l'enseignement des Realschulen. Ils constatent nettement l'insuffisance de notre en-

---

[1] L'abbé Sicard, p. 521-524. *Les études classiques avant la Révolution.*

seignement classique et la nécessité d'établir un enseignement intermédiaire, destiné à préparer à toutes les carrières industrielles et commerciales, sans conduire spécialement à aucune.

Voici les paroles mêmes de M. Cousin : « Selon moi, il est de la plus haute importance de créer en France sous un nom ou sous un autre des écoles bourgeoises dont le développement serait très varié... *Je regarde* ceci *comme une affaire d'État* [1]. »

M. Saint-Marc Girardin n'était pas moins pressant : « Aujourd'hui, il nous faut des marchands, des manufacturiers, des agriculteurs, et notre éducation ne semble pas propre à nous en faire [2]. »

L'Assemblée constituante de 1848 et l'Assemblée législative de 1849 où siégeaient les hommes les plus compétents en matière d'instruction, comme MM. de Falloux, Thiers, Montalembert, se chargèrent de combler cette lacune ; mais

[1] Rapport de M. Cousin au comte Montalivet. *De l'Instruction intermédiaire dans le midi de l'Allemagne*, p. 4, 1835, Paris.

[2] M. Hippeau, *l'Instruction publique en Allemagne* : Écoles bourgeoises, p. 159 et seq.

l'enseignement, fondé définitivement en 1865, par M. Duruy, ne devait être organisé sur des bases solides qu'en 1886.

Dira-t-on, après de pareils témoignages, qu'il ne faut pas se lancer, par un zèle immodéré, dans des essais chimériques, au risque de nuire à l'enseignement ancien, d'où sont sorties toutes nos gloires littéraires ? Dira-t-on que les études latines suffisent et que l'architecte, le manufacturier, le commerçant, doivent y trouver leur compte, comme l'avocat, le médecin, l'homme de loi ou l'ecclésiastique ? Autant vaudrait envoyer nos marins étudier la navigation au Conservatoire de Paris et nos soldats apprendre l'exercice au Bureau des longitudes.

L'enseignement secondaire spécial étant nécessaire, eu égard aux besoins actuels de la société, il faut que le plan d'études et les programmes de cet enseignement, tels qu'ils sont adoptés aujourd'hui dans les écoles, soient organisés de façon à les satisfaire. Répondent-ils, en fait, à ces exigences? Je vais l'examiner dans le chapitre suivant.

CHAPITRE II

LE PLAN D'ÉTUDES, LES PROGRAMMES

J'étudierai la question : 1° Au point de vue scientifique ; 2° au point de vue littéraire.

I

L'enseignement secondaire spécial est non seulement nécessaire, comme je l'ai démontré dans le chapitre précédent ; mais, tel qu'il est entendu aujourd'hui, le nouveau système d'études répond aux exigences de notre société agricole, commerciale et industrielle ; en un mot, considéré dans son ensemble, il est pratique.

Cet enseignement se partage actuellement en six classes, divisées en autant d'années qu'il y a de classes, en sorte que l'élève qui veut passer son examen du baccalauréat français, en peut tenter les épreuves à la fin de sa sixième année d'enseignement.

Les années, ou, si l'on veut les cours, sont disposés sur le modèle de l'enseignement secondaire classique ; les connaissances s'enchaînant les unes aux autres, finissent par former un tout complet.

Il n'est pas dans mon intention d'entrer ici dans une discussion approfondie du système, je réserve ce soin pour un autre chapitre. Je m'attacherai seulement aux grandes lignes, le faisant aussi succinctement que possible, afin d'éviter l'ennui qui s'attache aux choses techniques.

L'enseignement spécial comprend l'histoire, la géographie, les mathématiques, les sciences physiques et naturelles, des éléments de philosophie, de législation civile et commerciale, d'économie politique, le dessin, la comptabilité, la musique et la gymnastique. Comme on le voit, l'enseignement est complet, et si l'on joint à l'étude approfondie de la langue française et des chefs-d'œuvre littéraires, la connaissance de l'anglais ou de l'allemand, avec quelques notions soit d'italien, soit d'espagnol ou d'arabe, ne trouve-t-on pas ici des éléments d'excellente instruction moyenne ?

Ce qui fait la force de l'enseignement secondaire spécial, c'est que, sans atteindre cependant la perfection sous ce rapport, il vise plutôt à la pratique qu'à la théorie. Ainsi, pour ne citer que quelques exemples, l'étude des mathématiques n'est pas seulement un instrument propre à développer le jugement et à rectifier la raison des enfants entre les mains du professeur. Celui-ci doit s'attacher surtout : pour l'arithmétique, au calcul des probabilités, des rentes viagères, des intérêts composés, sans lequel on ne peut guère administrer une caisse de secours avec habileté et intelligence ; pour la géométrie, au cubage, au lever des plans, à l'arpentage et au nivellement, indispensables au fermier-propriétaire et à l'expert ; pour la géométrie descriptive et la mécanique, aux épures les plus pratiques et aux forces motrices journellement employées en agriculture et dans nos usines. Le professeur de chimie doit s'appliquer aux manipulations de la matière organique et inorganique le plus souvent en usage. Une place est réservée à l'étude des industries locales. Le dessin est plus qu'une copie textuelle d'un modèle prise au compas, c'est une reproduction à distance, et avec les ombres, de solides géométriques, d'objets usuels et de fragments d'architecture ; c'est le lavis à l'encre de Chine ou à la couleur de ces reproductions. C'est un relevé avec cotes des organes de machine à une échelle déterminée, et enfin l'étude des parties du corps humain avec les premières notions simplifiées d'anatomie. La géographie n'offre pas seulement à l'enfant une simple nomenclature des lieux ; elle lui présente les enseignements les plus utiles sur l'agriculture, les mines, l'industrie, les voies de communication, le commerce, la population des régions qu'il étudie. Pour lui, l'Amérique n'est pas seulement une des cinq parties du monde. Il en connaît le commerce d'importation et d'exportation et il sait combien de jours il faudra pour que le navire chargé du vin, qu'il expédiera plus tard à New-York, revienne à Saint-Nazaire, avec une cargaison de blé, qu'il revendra ensuite sur le marché de Paris.

Une lacune qui existe dans l'enseignement classique, a été comblée dans l'enseignement secondaire spécial. Je veux parler de l'étude de la législation civile et commerciale. Or, quoi de plus pratique que cette connaissance sommaire de nos différents codes ? Un jeune homme peut-il entrer dans la vie sans savoir ce qu'est un mur mitoyen, un bien dotal, paraphernal, un testament olographe, solennel ? Peut-il ignorer la constitution de son pays, les conditions requises pour gérer un compte de tutelle, liquider une situation commerciale embarrassée, endosser une lettre de change, la faire protester ? Peut-il ignorer même la juridiction des différents tribunaux, leurs compétences ?

Comme on le voit, les hommes appartenant aux classes moyennes de la société trouvent dans l'enseignement secondaire spécial un système d'instruction qui leur convient. C'est le vœu de Rolland d'Ercigny et de Cousin réalisé.

Les auteurs des programmes ont ajouté la connaissance des langues vivantes à l'enseignement scientifique. C'est une faible compensation, il est vrai, à l'étude du latin et du grec ; mais la possession de ces langues, surtout de l'anglais et de l'allemand, n'est-elle pas de plus en plus nécessaire au commerçant et à l'industriel ? C'est ce que prouve l'essai puéril du volapuk. D'ailleurs, n'est-ce pas une honte pour le Français, voyageant à l'étranger pour les choses de son commerce ou de son industrie, d'entendre les Allemands ou les Anglais parler sa langue, tandis qu'il ne comprend rien à leur idiome ? N'est-ce pas une ironie de ne pouvoir entretenir une correspondance d'affaires avec des industriels de Liverpool ou de Munich, sans avoir besoin d'interprète ?

L'enseignement secondaire spécial est donc suffisant, au point de vue scientifique, pour le but qu'il se propose, il me reste à voir ce qu'il est au point de vue littéraire et sous le rapport de la formation intellectuelle.

II

J'arrive ici, dans cette partie de mon travail, à une question grosse d'orages. Je m'abstiendrai de tout excès et dirai simplement ce que je pense, laissant à chacun le soin de tirer ses conclusions.

Les adversaires du nouveau système d'études ont prétendu que l'enseignement secondaire spécial voulait rivaliser avec l'enseignement secondaire classique, sans avoir à sa disposition les moyens suffisants d'une bonne culture intellectuelle.

Je me propose de démontrer que le système d'enseignement moyen, au contraire, est capable de donner aux facultés de l'esprit leur complet développement et que, même, il est propre à former des écrivains si, parmi les jeunes gens qui le suivent, quelques-uns sont aptes à le devenir.

Il est un fait incontestable que je dois reconnaître en commençant, c'est la supériorité nécessaire que donne à l'élève de l'enseignement classique l'étude des littératures anciennes.

Et d'abord, au point de vue même de la connaissance de notre langue : le français, en effet, dérive directement du latin et du grec ; à part quelques mots d'importation différente, les racines sont les mêmes. Il est donc impossible de se rendre compte d'une façon exacte de la valeur des mots, de leurs nuances, sans posséder au moins les notions premières de ces deux langues.

Mais, c'est surtout sous le rapport de la formation intellectuelle que les études classiques l'emportent sur l'enseignement du français. Le travail que l'enfant s'impose le fait pénétrer plus avant dans la pensée de l'auteur, lui permet de sentir mieux que par la simple lecture les délicatesses d'un ouvrage. En communion intime avec l'écrivain, son intelligence se développe par les efforts qu'elle fait pour saisir le sens du passage à expliquer, son jugement acquiert plus de maturité et de profondeur.

Par là même qu'il plie sa langue aux exigences du texte, en variant son style, en choisissant entre les mots synonymes celui qui rend plus parfaitement la physionomie propre, au poète, à l'orateur, à l'historien, l'élève qui s'exerce à la version obtient une souplesse d'expression, une propriété de termes qu'on ne rencontre pas, à intelligence égale, dans celui qui n'a pas été soumis à cette espèce de gymnastique intellectuelle.

Maître de la langue grecque et de la langue latine, l'élève de l'enseignement secondaire classique se trouve immédiatement en contact avec des auteurs qui ont été considérés comme les modèles les plus parfaits dans l'art de bien penser et de bien dire. Les élèves de l'enseignement spécial, réduits à lire les écrivains de l'antiquité dans une traduction, ne peuvent se pénétrer de leur esprit, profiter de leur enseignement.

Aussi, comme je l'ai dit, le nouveau système d'études restera toujours inférieur à celui de l'enseignement classique.

Cependant, pour être juste, il faut reconnaître

que nous avons, dans l'étude de la langue française, et dans celle de nos chefs-d'œuvre littéraires deux avantages qu'il y aurait injustice à contester.

Notre langue, en effet, considérée en elle-même, offre de précieuses ressources à l'élève pour le développement de ses facultés. Débarrassée des entraves dont l'avaient chargée Ronsard et la *Pléiade*, enrichie d'une multitude de belles expressions par Amyot et Montaigne, elle avait atteint dans les écrits du xviie siècle une perfection comparable à celle des plus belles langues de l'antiquité. Elle fut citée comme un modèle d'élégance, de noblesse, de précision et de clarté. On crut que la langue qu'avait parlée Bossuet renfermait des richesses dont on pouvait profiter, on l'étudia avec passion dans les principales villes de l'Europe où elle porta des fruits : elle devint classique. Aujourd'hui encore, elle est demeurée la langue diplomatique des peuples de l'Occident.

Or, si la langue française a servi à l'étranger d'instrument de culture intellectuelle, pourquoi ne serait-elle pas appelée à nous rendre le même service, à nous qui l'avons reçue de nos pères comme un héritage?

La langue française est la langue de notre mère; c'est elle qui, la première, a frappé nos oreilles, quand, au sortir du berceau, nous avons été mis en rapport avec les objets extérieurs. Elle a été le moyen choisi par la Providence pour ouvrir notre intelligence, délier notre jugement, donner l'essor à notre imagination. Serait-elle frappée d'impuissance pour nous mettre en possession complète de nos facultés? Dieu aurait-il voulu que nous appelions nécessairement à notre aide les Grecs et les Romains?

Sans doute, pour avoir une connaissance étymologique de notre idiome, il faut étudier la langue de ces deux peuples. Mais, cette science est-elle nécessaire aux jeunes gens pour écrire le français avec correction, aisance et naturel? La langue française est leur langue, c'est celle qu'ils entendent tous les jours, qui leur sert à chaque instant à eux-mêmes, comme la langue latine servait au jeune Romain; comme la langue grecque servait à l'écolier de Sparte ou d'Athènes. Ne serait-ce pas étrange que, pour la parler et l'écrire d'une façon irréprochable, l'étudiant dût s'adresser à des peuples disparus depuis des siècles?

Le second moyen de culture intellectuelle que possède l'enseignement spécial, ce sont les chefs-d'œuvre de premier ordre que l'histoire de notre littérature nous présente.

Il est facile de démontrer que les élèves du nouveau système d'études peuvent tirer un excellent parti de ce mode de formation.

Ici encore, je suis obligé de reconnaître l'infériorité de l'enseignement moyen.

Nos auteurs français, en effet, et surtout ceux du XVIIe siècle, ont imité les écrivains de l'antiquité. Il faut donc avoir étudié les classiques grecs et romains pour profiter complètement de la lecture de nos chefs-d'œuvre.

Ainsi, pour ne citer que les plus remarquables, Bossuet, avec l'ampleur et la majesté de sa phrase, se rapproche, par la construction générale, par l'enchaînement de ses périodes, du génie de Cicéron. Corneille calque sa poétique sur celle d'Aristote et semble nous représenter dans ses tragédies les hardiesses sublimes de Sophocle. Racine, par son style enchanteur, par sa sensibilité exquise, rappelle la diction d'Euripide et les grâces naïves du chantre de Mantoue. Fénelon laisse percer dans tous ses ouvrages sa prédilection d'artiste pour les beautés antiques et les sème à pleines mains dans son Télémaque. Molière lui-même, si français, ne craint pas d'emprunter à Plaute quelques scènes de son *Avare*, à Térence, plusieurs passages dont il s'inspire heureusement.

Cependant, il y a autre chose dans nos classiques que de l'imitation, il y a l'*esprit français;* l'esprit français qui les rend accessibles à ceux qui n'ont pas fait d'études spéciales. C'est ce que le grand comique avait reconnu. Avant de produire ses chefs-d'œuvre, Molière avait l'habitude de consulter les Aristarques de son temps, sans doute, mais aussi, sa domestique, quelque bonne fille des champs, quelque Martine dont le goût n'avait pas été faussé par le pédantisme farci de latin d'un Vadius et d'un Trissotin.

L'imitation elle-même a dû se plier aux exigences de notre génie. La malice fine et caustique du vieil esprit gaulois a percé à travers le rire un peu épais de Plaute et d'Anacréon, la lenteur de la phrase latine a dû céder aux allures vives et dégagées de la nôtre. En un mot, les écrits des Grecs et des Romains sont devenus français en passant par la plume de nos grands écrivains ; sans cela, ils n'auraient pas acquis droit de cité parmi nous. Qui ne se moque aujourd'hui de la *Tentative de la Pléiade?*

D'ailleurs, est-il besoin d'insister ? Tandis que les auteurs d'Athènes ou de Rome ont écrit pour des peuples sortis de la civilisation païenne, les nôtres ont eu en vue une nation formée par la doctrine et par la morale de l'Évangile. L'éloquence, en passant du forum dans la chaire, a parlé différemment par la bouche de Cicéron et de Bossuet, la tragédie a abandonné la fatalité pour s'inspirer du sentiment du devoir et de l'honneur, et l'on se moquerait aujourd'hui de l'écrivain qui ressusciterait sérieusement le tridaent de Neptune et les foudres de Jupiter. Ainsi, sans dédaigner le secours puissant d'étrangers qui ont changé de costume et de mœurs pour demeurer parmi nous, je puis affirmer que nos écrivains nationaux sont accessibles aux élèves de l'enseignement secondaire spécial, par cela même qu'ils sont Français ; je puis ajouter qu'ils sont éminemment propres à les former à notre genre de littérature, à leur donner une bonne culture intellectuelle.

C'est ce que les auteurs des programmes ont compris parfaitement.

Non seulement ils ont astreint les élèves à un grand nombre d'exercices d'orthographe usuelle et de syntaxe pour les habituer à la correction grammaticale, ils ont prescrit une étude approfondie des écrivains français depuis les origines de la langue jusqu'à nos jours. Ainsi, pendant plus de cinq ans, les élèves de l'enseignement moyen analysent et commentent, non seulement les ouvrages classiques du XVIIᵉ et du XVIIIᵉ siècles, ils se pénètrent encore de la lecture des plus belles pages des prosateurs et des poètes qui se sont fait un nom, depuis Villehardouin et Joinville, jusqu'à Victor Hugo et Lamartine.

Que résulte-t-il de ces exercices? A la fin de la quatrième année, l'élève studieux est capable de rédiger une narration sous une forme amusante, un rapport, un petit discours, une lettre quelconque. A la fin de la sixième année, il peut composer une dissertation et traiter une question de littérature dans le genre de celles qui sont exigées pour le baccalauréat ès lettres. Les devoirs demandés aux examens de littérature sont absolument les mêmes pour l'un et l'autre baccalauréat.

D'ailleurs, la thèse que je soutiens n'est-elle pas appuyée par les traditions du passé?

Comment se sont formés, en effet, bon nombre d'excellents écrivains de notre langue? Par des moyens identiques à ceux que je viens d'indiquer. On a prétendu que Mme de Sévigné s'était cultivée au contact des écrivains de l'antiquité classique. A-t-on voulu dire par là que les

quelques leçons de latin prises auprès de Ménage et de Chapelain, ou les *Citations* de Bourdaloue aient aiguisé sa plume qui trottait si gra-
cieusement, la bride sur le cou, dans ses *Lettres ?*
Ne serait-ce pas médire de Beaumarchais que de
lui refuser le titre d'écrivain spirituel? Cependant l'auteur des fameux *Mémoires* ne connaissait Virgile que par Scarron, Plaute et Térence
par l'*Avare* et les *Fourberies* de Scapin. Qui
donc a donné à son style cette vivacité d'allures
toute française? Mme de Staël, Mme dé Lafayette,
Mme de Maintenon, ne possédaient du grec et du
latin que ce qu'il en faut à une dame de la société, et cependant, la première a laissé tomber
de sa plume *Corinne et l'Allemagne*, les autres
ont écrit des *Lettres* et des *Mémoires* d'une
grande perfection de style. Au XIXe siècle, les
exemples abondent; je me contenterai de citer
Louis Veuillot qui devint, à force de lectures,
un écrivain original et puissant, un des premiers
journalistes de notre époque.

Je ne sais pourquoi je vais chercher mes
exemples si loin. Dans le monde qui nous entoure

aujourd'hui, combien de jeunes gens distingués sont sortis des bancs de l'enseignement moyen ! ils sont partout, à l'armée, dans les écoles publiques, dans l'industrie, dans le commerce, dans l'agriculture, à une place d'honneur.

L'enseignement secondaire spécial a donc ses titres, aussi bien que l'enseignement classique. Pour être plus récents, ils n'en sont pas moins précieux. Qui sait ce que l'avenir lui réserve?

Un enseignement ne doit pas seulement être suffisant pour le but qu'il se propose, il faut en-, core que les professeurs qui en sont chargés soient aptes à le donner. Or, le clergé a pris à tâche l'enseignement secondaire spécial ; offre-t-il, sous ce rapport, toutes les qualités requises ? Telle est la matière du développement des trois chapitres suivants, qui forment comme une seconde partie.

CHAPITRE III

LE CLERGÉ ET L'ENSEIGNEMENT DES SCIENCES GRAPHIQUES

« Le clergé n'est pas apte à enseigner les jeunes gens qui se livrent exclusivement aux études de français. » Voici une parole qu'il n'est pas rare d'entendre sortir de la bouche des adversaires de l'Église. — « Pourquoi, demande-t-on ? » — « Parce que les études littéraires et théologiques qu'il fait dans les séminaires, ne le préparent pas à l'enseignement des sciences graphiques. »

« Voilà un pouls qui marque que votre fille est muette, disait Sganarelle à Géronte. » Le syllogisme qu'on nous oppose est de cette force. « Les ecclésiastiques ont étudié, de préférence, les langues anciennes et la théologie, donc ils sont incapables d'enseigner l'écriture, le dessin et la géométrie. Il y aurait matière à rire, si le préjugé n'avait les plus graves conséquences. Non contents de livrer aux catholiques une lutte à mort sur le terrain des écoles primaires en leur imposant des programmes athées, en les laïcisant, les ennemis de la Religion poursuivent leurs attaques jusque sur les hauteurs où domine l'enseignement classique; ils veulent enfin écarter le clergé des écoles spéciales, en répandant sur lui des préjugés qui se font jour jusque sur les bancs de la Chambre des députés.

On dit et on répète que le prêtre ne peut et ne doit enseigner que le latin. Pendant que cette erreur se glisse, la tendance de l'opinion vers les études pratiques du français se répand de plus en plus. L'État lui-même, pour favoriser le mouvement, fonde à Paris plusieurs collèges exclusivement destinés aux récentes méthodes, établit en province, dans chaque lycée, une annexe d'enseignement spécial et accorde les plus grands privilèges aux jeunes gens qui suivent les études nouvelles.

Dans quelques années, peut-être, l'État ne voudra plus, pour ses écoles militaires et spéciales, que des lauréats du baccalauréat français, laissant les études de latin aux seuls élèves des séminaires ou aux étudiants en médecine et en droit. C'est le vœu, on s'en souvient, de M. Jules Ferry. La question, comme on le voit, est grave pour l'Église. Je n'ignore pas que les congrégations des Frères se sont adonnées à l'enseignement spécial, depuis qu'il est fondé officiellement. Je sais qu'elles ont envoyé plusieurs de leurs sujets étudier les langues étrangères en Allemagne et en Angleterre, qu'elles se sont imposé de durs sacrifices, mais ces pieuses congrégations seront-elles assez nombreuses pour fournir aux nouvelles exigences créées par la diffusion des écoles primaires et suffire, en même temps, aux besoins de l'*enseignement moyen !* Qui ne sait d'ailleurs les ruines qu'ont faites parmi elles les lois d'ostracisme dont on les enserre?

Les ecclésiastiques sont donc appelés à prendre possession de ce nouveau terrain, et il importe, à ce point de vue, au bien de la Religion, de repousser les attaques de nos adversaires et de démontrer que le clergé, depuis les premières années du moyen âge jusqu'à nos jours, a fourni d'excellents professeurs de sciences pratiques et utilitaires, qu'il a toujours été à la tête du mouvement qui a incliné les esprits vers les études positives, modifiant son enseignement, suivant les circonstances et les besoins de la société: en un mot, il s'agit de prouver que nous sommes suffisamment armés.

J'étudierai la question au moyen âge, dans l'enseignement des sciences graphiques ; au XVIIIᵉ siècle, dans l'enseignement des sciences utilitaires, et enfin, au XIXᵉ siècle, dans l'enseignement secondaire spécial.

« Notre maître est le Dieu des sciences. » A toutes les époques de son histoire, l'Église s'est fait l'application de ces paroles du texte sacré. Ses ministres ont compris que c'était à eux d'enseigner, non seulement la science des choses sacrées, mais aussi, le secret des connaissances humaines qui pouvaient être de leur compétence,

parce que toute « science mène à Dieu » et que
« la voie la plus courte pour sauver les âmes
est d'éclairer les esprits ».

Au milieu même de l'obscurité qui envahit
l'Occident, après l'invasion des barbares, l'Église
s'était réservé le soin de veiller sur le dépôt de
la vérité. « Les lèvres du prêtre avaient été véritablement les gardiennes de la science. » Les
ténèbres dissipées, elle avait laissé tomber sur
les peuples les trésors qu'elle tenait en réserve.

Pendant dix siècles, l'Église s'est faite l'éduca-
trice du peuple et des classes moyennes, avec
un dévouement qui a arraché un cri d'admiration
à nos adversaires.

Auguste Comte, dans son cours de philosophie
positive, a reconnu que le « catholicisme fut le
promoteur le plus efficace au développement
populaire de l'esprit humain [1] ».

M. Babeau a écrit : « Le clergé conserva jusqu'en 1791, sur l'instruction primaire une influence prépondérante, et cette influence était
justifiée par l'action salutaire qu'il n'avait cessé

---

[1] *Cours de philosophie positive,* t. V, p. 258.

d'exercer sur *l'enseignement depuis* les temps les *plus reculés du moyen âge* [1]. »

« On a cru pendant longtemps, dit M. Siméon Luce, dans son histoire de Duguesclin, que le moyen âge n'avait connu rien qui ressemblât à ce que nous appelons l'instruction primaire. C'est une grave erreur. Il est fait à chaque instant mention d'écoles rurales dans les documents où l'on s'attendait le moins à trouver des renseignements de ce genre, et l'on ne peut guère douter que, pendant les années même les plus agitées du xiv⁰ siècle, la plupart des villages n'aient eu des maîtres enseignant aux enfants [2]. »

.... Or, ces maîtres, quels étaient-ils pour la plupart? *Des ecclésiastiques.*

On est surpris de la quantité de documents qui attestent l'instruction du peuple par le clergé avant la Révolution dans la plupart des paroisses.

Je ne crois pas nécessaire de remonter jusqu'aux premiers siècles du moyen âge pour les

[1] Voir la *Revue du monde catholique*, n⁰ 49, 1ᵉʳ juillet 1887. Les *Écoles chrétiennes en France*, jus. 1886.
[2] Voir *Histoire de Duguesclin*, introduction.

invoquer. Tous ceux qui ont des notions d'histoire savent que les écoles épiscopales et monastiques, très nombreuses depuis le vin° jusqu'au xii° siècle, accueillirent dans leurs murs les riches et les pauvres, qu'ils fussent clercs ou laïques. J'emprunterai surtout mes témoignages aux documents qui datent du xvi° et du xvii° siècles, ne fût-ce que pour renverser, en passant, la thèse de ceux qui veulent attribuer à la Réforme l'influence du mouvement qui se produisit à cette époque, en France, en faveur de l'instruction populaire.

En 1526, un concile tenu à Chartres prescrit « qu'il y ait dans chaque paroisse une école publique où puissent se rendre les enfants et où se trouve un *prêtre* ou un *clerc,* pour leur enseigner familièrement les lettres, le symbole, etc. ».

Le concile de Cambrai de 1565, dans son règlement des écoles, veut « qu'il y ait des maîtres pour l'instruction de la jeunesse dans toutes les paroisses... Les curés s'informeront, par eux-mêmes, *tous les mois,* des progrès des enfants. »

A Autun, en 1669, Daniel de Roquette ordonne que « les curés tiennent les écoles ».

En 1676, à Angers, l'évêque, dans une instruction pastorale, veut que « là où il n'y a point d'*école fondée, les ecclésiastiques* donnent leur temps à cet emploi... où il y a plusieurs *prêtres,* le *dernier sera tenu de le remplir,* ou un *autre plus ancien examiné* par *l'évêque ou désigné par lui.* »

En 1682, Mgr Froulay de Tessé, évêque de Coutances, déclare « qu'il est du devoir des *ecclésiastiques* de prendre soin de l'*instruction* des *enfants* ».

En 1694, Huet, évêque d'Avranches, déclare « qu'aucun *ecclésiastique* ne *sera reçu* à remplir les fonctions de vicaire, que *sous la condition de faire l'école, quand il en sera requis par le curé* ».

Au rapport des procès-verbaux de visite au diocèse de Coutances, au XVIIIe siècle, *presque toutes* les *paroisses* étaient pourvues d'écoles, tenues généralement par les vicaires ou d'*autres prêtres*[1].

---

[1] L'abbé Allain, *Instruction primaire avant la Révolution,* p. 82-100.

A la fin du même siècle, presque chacune des dix-sept paroisses d'Angers était desservie sous la direction et à la nomination du curé, par quelque ecclésiastique [1]. Avant la Révolution, dans la province d'Anjou, il y avait des écoles et des collèges tenus par des prêtres dans un très grand nombre de paroisses. M. Célestin Port signale l'activité de l'abbé François Chollet, qui passa une partie de sa vie, de 1640 à 1728, à les relever ou à les fonder, notamment à Château-Gontier, à Beaupréau, à Bourgueil, à Pouancé, à Doué, à Beaufort, à Étriché.

Après de pareils témoignages, ne suis-je pas en droit de conclure avec un auteur protestant [2], que le clergé, jusqu'en 1791, fut l'instituteur de la majorité du peuple français? D'ailleurs, pour convaincre les plus incrédules, je puis citer un passage du célèbre rapport sur l'instruction fait par Talleyrand-Périgord, en 1791.

L'ancien évêque d'Autun s'insurge contre des

---

[1] Célestin Port, *Dictionnaire historique*. Lettre A..

[2] Voir M. Schmidt, la *Lorraine avant* 1789. Lire également dans la *Revue des questions historiques*, l'article de M. l'abbé Allain sur l'*Instruction pendant le Consulat*, octobre 1887.

« usages longtemps surannés... qui semblent, après plus de dix siècles, destiner l'*universalité des citoyens à habiter les monastères* ».

Or, qu'est-ce que les maîtres, en très grand nombre ecclésiastiques, enseignaient au moyen âge et depuis, dans les écoles populaires? Précisément les connaissances dont on voudrait actuellement refuser au clergé l'enseignement : l'écriture, le dessin, la perspective, la géométrie pratique.

L'écriture. — Jamais peut-être cette science ne s'était plus rapprochée de l'art véritable qu'au moyen âge, nos musées sont remplis de témoignages vivants d'une efflorescence merveilleuse. Pour la plupart, ces ouvrages étaient des missels, des bréviaires, des livres de chant, composés par les clercs séculiers et réguliers pour leurs besoins individuels, ou pour le service de leur église paroissiale ou monastique.

Une belle écriture s'imposait alors nécessairement, puisqu'on ne lisait que des manuscrits. D'ailleurs, on tenait à bien faire, non seulement pour ménager la vue, mais aussi, par esprit de foi, par respect pour les Saints Livres.

Le pieux attrait qu'inspirait aux ecclésias-tiques la copie des textes sacrés persista même après la découverte de l'imprimerie. C'est ainsi qu'un abbé de Château-Gontier, Chollet Gervais, au milieu du xviie siècle, composa, pour Mgr Arnaud, des graduels et des missels d'un art merveilleux, et écrivit, pendant trois ans, par pur sentiment de piété, les livres de chant de l'église Saint-Maurice d'Angers [1].

Il fallait bien, d'ailleurs, que dans la plupart des paroisses rurales, le clergé recourût, même au xvie et au xviie siècle, à l'ancien système des manuscrits. La cherté des éditions imprimées lui en faisait une nécessité. Cette habitude d'une belle écriture correcte fut de tradition parmi les ecclésiastiques jusqu'à la Révolution ; un grand nombre de registres paroissiaux l'attestent encore aujourd'hui.

Il est donc avéré que le clergé, pendant de longs siècles, a formé, au moins parmi les élèves de ses écoles qui, plus tard, devaient entrer dans

---

[1] *Dictionnaire historique* de M. Célestin Port. Lettre C.

son sein, d'excellents artistes en calligraphie. Les autres, ceux qui devaient rester dans le monde, suivaient nécessairement l'impulsion donnée, les leçons étant les mêmes pour tous.

Le dessin. — On ne peut douter que le clergé des écoles n'ait enseigné, au moyen âge, le dessin au trait et à la plume. Sans cela, l'art d'orner les manuscrits d'arabesques et de fantaisies pieuses se fût bientôt perdu. Quant au dessin d'imitation, de reproduction en relief et d'ornement, il est également certain qu'il était enseigné par les clercs réguliers et séculiers, chargés de l'instruction. Quelles étaient, au moyen âge, les carrières ouvertes aux jeunes gens qu'une vocation spéciale n'appelait pas dans les rangs du clergé, ou que leur naissance ne destinait pas au métier des armes? Relativement peu nombreuses, elles exigeaient, pour la plupart, les éléments du dessin d'ornement et de reproduction ; maîtres ou ouvriers sculpteurs sur pierre et sur bois, peintres sur verre, serruriers, brodeurs, armuriers, pelletiers formaient la masse des artisans et tous avaient besoin, sur les bancs

de l'école, d'études élémentaires graphiques [1].
Comment le clergé aurait-il pu se soustraire aux
exigences de l'instruction dont il s'était chargé ?
Non ! il n'a pas manqué à ses devoirs, l'histoire
n'a qu'une voix pour l'attester.

Ce fut, en effet, sous la conduite du clergé régulier que se formèrent au ixe et au xe siècle ces
escoldtres qui, au sortir des bancs de leur école
monastique, devinrent, suivant leurs aptitudes,
ces *tailleurs de pierres* ou ces *tailleurs* d'images
dont nous voyons les œuvres dans nos églises
romanes. Ce fut également sous la direction du
clergé séculier que se développèrent dans les
écoles épiscopales et paroissiales du xiiie, du
xive et du xve siècles, ces jeunes gens dont le ciseau devait plus tard orner nos cathédrales gothiques de cette flore et de cette faune qui s'imposent aujourd'hui à notre admiration.

Chose remarquable, on trouve jusque dans le
faire de ces *maîtres ès arts*, la main qui a dirigé

----

[1] Lire la *Société au* xiiie *siècle*, par Lecoy de la Marche, ch. iv.
L'ouvrier.

leurs études premières de dessin [1]. L'*ymaigier* qui sortait d'une école monastique, avait un style moins libre, moins dégagé que celui qui avait été formé par les soins du clergé séculier.

Quels sont les artistes qui ont décoré nos basiliques de ces vitraux dont l'art contemporain se déclare impuissant à reproduire le merveilleux éclat? Des hommes sortis des écoles épiscopales. Quels sont encore les peintres sur verre qui ont orné les cloîtres et les églises des monastères ? Les chroniques locales nous ont conservé leurs noms. C'étaient Madulphe, de Cambrai, Adélard, de Louvain, Ernulfe, de Rouen, Herber et Roger, de Reims, Thiémon, élèves des écoles monastiques.

Ces ornements sur métaux, ces étoffes rehaussées de dessins, ces riches brocarts, ces meubles sculptés du xve et du xvie siècles, que les amateurs se disputent jusque dans la maison du pauvre paysan breton, qui les a mis au jour ?

[1] Viardot, *Merveilles de la sculpture*, ch VI. *Merveilles de la peinture*, ch. V, t. II.

Le plus souvent un artiste inconnu qui avait eu, pour premier et dernier maître, le moine ou le prêtre séculier par lequel il avait été élevé.

La perspective, la géométrie descriptive.

Les maîtres sculpteurs du moyen âge connaissaient très bien la loi des proportions offertes par l'étude de la perspective. Leurs statues, en effet, leurs reliefs si défectueux de près, sont admirables d'exactitude, quand on les voit de loin. Il semble que ces *œuvres* aient été créées pour être vues de bas en haut, avec une quantité de lumière calculée mathématiquement, suivant la place qu'elles devaient occuper. Or, qu'est-ce qui s'était fait le dépositaire de ces connaissances techniques sur l'ornementation des édifices ? Le clergé qui seul, ou à peu près, était architecte. Il est donc évident qu'il devait y avoir, au moins dans les grandes écoles abbatiales et dans les écoles épiscopales les plus importantes, des cours où l'on enseignait les lois de la perspective. On y enseignait aussi, nécessairement, la pratique de la géométrie descriptive, qui n'est que du dessin de précision.

On sait que c'est Monge qui a créé, par un effort de raison admirable, la science enseignée aujourd'hui sous le nom de géométrie descriptive. Pour l'inventer, il n'a pas eu besoin de recourir, comme Euclide et Pascal, à son seul génie ; il en a trouvé les éléments épars dans les méthodes de traits employées par les appareilleurs et les charpentiers. Ces méthodes, on en retrouverait les traces dans les chartes de nos écoles ecclésiastiques du XIIIe siècle ! Les clercs architectes connaissaient parfaitement ce principe que tout problème qui repose sur des corps solides doit d'abord être résolu dans l'espace. Leurs épures n'étaient pas jetées *a priori* sur le papier, comme celles de quelques-uns de nos architectes qui placent au sommet d'un édifice un ornement qu'on tremble de regarder, tant on craint qu'il ne vous écrase en tombant. Leurs flèches, leurs clochetons, leurs choux, leurs gargouilles, leurs voussures, leurs arcs doubleaux sont à la place qui leur convient et en harmonie avec le reste de l'édifice.

Oui, le clergé avait fait ses preuves au moyen

âge, et on doit reconnaître qu'il était devenu maître passé, non seulement dans l'application, mais aussi dans l'enseignement des arts et des sciences graphiques.

Nous allons le retrouver au xviiie siècle, à la tête du mouvement qui entraîna l'opinion vers l'étude des sciences utilitaires. Là encore les ecclésiastiques furent des instituteurs de choix.

CHAPITRE IV

LE CLERGÉ ET L'ENSEIGNEMENT UTILITAIRE
AU XVIIIe SIÈCLE

Je me suis attaché à démontrer dans le chapitre précédent que le clergé avait excellé dans l'enseignement des arts et des sciences graphiques. Je me propose de généraliser ma thèse et de montrer que les ecclésiastiques séculiers et réguliers ont été et sont encore aujourd'hui non moins brillants dans l'enseignement des sciences physiques, mathématiques et naturelles.

Je commence dans ce chapitre par une étude sur l'enseignement utilitaire du clergé au xviiie siècle. Je continuerai dans le suivant par une thèse sur l'enseignement secondaire spécial donné par le clergé du xixe siècle.

Voltaire, dans le chapitre du *Siècle de Louis XIV*,

qu'il consacre aux sciences, accuse l'Inquisition d'avoir retardé la marche de l'esprit humain vers les études positives. On a répété mille fois depuis, sous le couvert de Voltaire, cette accusation formulée sans considérants. Aujourd'hui, des travaux d'histoire consciencieux ont restitué à l'Inquisition son véritable caractère. Si l'on parle encore de ce tribunal, c'est sur les tréteaux d'un théâtre ambulant ou dans des ouvrages dépourvus de saine critique, dans lesquels on montre au peuple l'Inquisition comme un épouvantail, semblable à ces mannequins suspendus aux arbres fruitiers, pour écarter les oiseaux. L'humanité a des aspirations différentes chaque fois qu'un fait de quelque importance change le cours des idées généralement reçues.

L'auteur du *Siècle de Louis XIV* connaissait ce principe, mais, comme l'a dit M. Nisard, « si Voltaire a aimé la vérité, il lui a quelquefois préféré sa commodité », en particulier, toutes les fois qu'il s'est agi de critiquer l'Église.

Il est évident que le XVIe siècle a été, en France,

une époque de rénovation littéraire et artistique à laquelle nous avons été redevables des chefs-d'œuvre qui ont paru dans les âges suivants. C'est déjà beaucoup pour une nation sans cesse aux prises avec l'étranger et secouée, à l'intérieur, par des révolutions qui menacent de l'ébranler jusque dans ses fondements, d'avoir façonné sa langue, au point d'en avoir fait un instrument incomparable de culture intellectuelle, d'avoir inauguré l'ère des grandes constructions civiles et d'avoir ouvert la carrière aux artistes peintres et sculpteurs qui les ont décorées si magnifiquement. On ne pouvait demander au xvie siècle de pousser plus loin ses aspirations et de s'enquérir avec curiosité des secrets de la nature. Aussi, les écrivains de cette époque ont-ils une physique qui ferait sourire nos écoliers d'aujourd'hui ! Il n'est donc pas surprenant d'entendre Erasme borner les études scientifiques à une simple dégustation (*degustare sat erit*) et la Faculté des arts se contenter, en 1598, pour ses élèves de philosophie, d'une étude succincte :
« De la sphère avec quelques livres d'Euclide et

d'un simple commentaire de la physique d'Aristote [1]. »

Le siècle suivant, celui de Louis XIV, ne devait guère être plus enthousiaste que le précédent pour les études purement scientifiques. Il suffit à sa gloire qu'il ait inauguré plusieurs genres de littérature et d'éloquence inconnus jusqu'alors, ou simplement définis, renouvelé la tragédie, enrichi l'histoire des lettres d'une multitude de chefs-d'œuvre dignes des plus beaux âges de la Grèce et de Rome, et élevé la peinture et la statuaire jusque sur les hauteurs où plane le génie d'un Phidias et d'un Raphaël. Si c'est un honneur pour la France d'avoir légué à la postérité des poètes comme Corneille, Racine, Molière, La Fontaine, Boileau ; des prosateurs comme Pascal, Descartes, Bossuet, Fénelon, Bourdaloue, Massillon, La Bruyère, c'est une gloire pour le clergé de ce pays d'avoir formé ces grands génies dans ses collèges, de les avoir élevés. Qui oserait, en présence de pareils résultats, reprocher à nos instituteurs du xvie et du xviie siècles

[1] Statuts de 1598 pour la Faculté des arts.

d'avoir secondé de tous leurs efforts la tendance des esprits vers les hautes études littéraires, et d'avoir donné moins de soins à l'enseignement des sciences purement positives ?

Nous allons étudier maintenant le rôle du clergé dans l'enseignement utilitaire, qui caractérise le xviiie siècle :

Il est injuste de réserver aux encyclopédistes seuls l'honneur d'avoir donné l'impulsion au mouvement qui entraîna le xviiie siècle vers les connaissances scientifiques. Dès l'année 1666, Louis XIV et Colbert avaient eu conscience de cette nouvelle tendance de l'opinion publique en France et l'avaient favorisée en fondant l'Académie des sciences. C'est dans ce but qu'ils avaient attiré également dans notre patrie, d'Italie, de Hollande et du Danemark, le savant Cassini, l'illustre astronome Huyghens et le physicien Roëmer[1]. Aussi, Diderot, d'Alembert, Condillac n'eurent-ils qu'à continuer la voie tracée par le grand roi et son ministre. Inutile d'ajouter que les encyclopédistes trouvèrent dans la haine de

---

[1] Voltaire, *Siècle de Louis XIV*, ch. xxi.

la religion un stimulant qui leur aurait suffi amplement, à défaut de leur prétendue philanthropie.

Cependant, pour qu'un nouveau genre d'études pénètre dans la masse des individus qui composent une nation, il faut autre chose que des décrets autorisant la fondation d'académies, ou des déclarations de philosophes prêchant d'enthousiasme dans des écrits savants ou dans un dictionnaire, fût-il accueilli avec la faveur exceptionnelle qui accompagna l'apparition de l'encyclopédie. Il est nécessaire que les écoles publiques ouvrent leurs cours à cette nouvelle branche de connaissances, que les professeurs s'y adonnent avec goût sinon avec passion ; qu'ils la cultivent et la fassent aimer à leurs élèves.

C'est ce qui se passa dans les collèges tenus par les ecclésiastiques séculiers et réguliers. Or, il ne s'agissait rien moins que d'une *Révolution.* Il fallait, en effet, que le clergé abandonnât ces belles études classiques qui avaient été sa passion et sa gloire, qu'il prêchât, à la suite des encyclopédistes, l'amour des sciences mathématiques, physiques et naturelles, ce qui était s'engager dans une voie dangereuse, qu'il rompît en visière avec les anciennes méthodes scolastiques en vigueur dans les écoles, qu'il s'appliquât au système que Descartes avait introduit dans sa Méthode, qu'il répudiât enfin, des ouvrages élémentaires scientifiques, la langue latine qui, jusqu'alors, avait été en usage même pour les démonstrations géométriques. N'était-ce pas là un véritable sacrifice? Cependant le clergé n'hésita pas ; il s'agissait, en mettant la main à la cognée, de servir à la fois la religion et la patrie ; il le fit et devint, si je puis ainsi parler, encyclopédiste.

Dès le XVIII° siècle, l'abbé Fleury, s'inspirant de l'idée du cardinal du Perron et de Richelieu [1], qui voulaient « qu'il y eût plus de maîtres ès arts mécaniques que de maîtres ès arts libéraux » disait, dans son *Traité des études*, que la jeunesse doit « acquérir, en son premier âge, les connaissances, ou, du moins, les principes des connaissances qui doivent lui servir dans l'avenir [2] ».

---

[1] Richelieu, *Testament politique*, p. 113.
[2] *Traité des Études*, Fleury. Lire le chapitre consacré à la Faculté des arts.

L'abbé Vaudelaincourt allait plus loin. Dans sa logique parue en 1782, il trouve moyen de glisser un éloge de d'Alembert, assurément fort extraordinaire dans la bouche d'un ecclésiastique, mais qui marque à quel point le clergé avait la passion des études scientifiques. D'Alembert est salué « comme l'homme le plus savant et le plus célèbre de l'Europe ». Suivent les considérants : « Il a débarrassé la science du langage métaphysique, il a familiarisé les esprits avec les connaissances les plus abstraites. Il leur a fait connaître sous la forme la plus sensible, la plus ingénieuse, la plus claire, les secrets, les ressorts, les révolutions jusqu'alors mystérieuses, du monde astronomique. » Enfin, l'humanité lui est redevable « des progrès que les sciences font chaque jour et de cette heureuse révolution qui *s'est faite, depuis quelques années, dans la manière d'enseigner et d'apprendre* [1] ».

L'abbé de Saint-Pierre, que l'auteur du projet

---

[1] L'abbé Sicard, *op. cit.*, ch. II.

de loi sur l'instruction, en 1789, appelle le bon abbé, est tellement épris de la passion des études scientifiques, qu'il écrit cette phrase dont Rollin dut frémir : « Si l'on ne doit pas faire usage pendant la vie, ni du vers latin, ni de l'éloquence, ni du grec, il ne faut pas y employer son temps, et il faut préférer les parties d'arts ou de sciences plus utiles au bonheur de la société » [1]. L'engouement du clergé est tel que l'abbé Proyart, dans son livre sur l'éducation publique, qu'il envoie, à titre d'hommage, à l'*Université d'Angers*, raille les cours d'éducation de l'abbé Vandelaincourt et de l'abbé de Condillac, qui étaient cependant façonnés sur un plan généralement adopté à l'époque.

« C'est une absurdité, selon lui, de charger ainsi les études et de vouloir former, en très peu de temps, des sujets admirables, des prodiges de science, de petits encyclopédistes [2]. »

L'abbé Proyart se moque également de l'usage qu'on avait alors adopté dans le clergé de mettre

[1] L'abbé de Saint-Pierre (*Œuvres*, t. I, p. 134).
[2] Proyart : *De l'éducation publique*, p. 102 et seq.

sur des enseignes, à la porte des maisons d'é-
ducation : « Cours de mathématiques, pensionnat
militaire, etc. [1] », comme pour mieux s'achalan-
der. C'était, il est vrai, de la réclame peu digne
de l'enseignement ; mais il fallait, à tout prix,
pour réussir aux yeux du public, se faire partisan
de l'encyclopédie, encyclopédiste.

D'ailleurs, l'exemple partait de trop haut pour
n'être pas suivi, et le clergé était engagé à entrer
dans cette voie par les conseils les plus autorisés.

L'abbé Nollet, professeur royal de physique
expérimentale au collège de Navarre, maître de
physique et d'histoire naturelle des enfants de
France, membre de l'Académie royale des sciences, de la Société royale de Londres, écrivait,
en 1770, dans son livre : *De l'art des expériences*, une préface dédicatoire au dauphin (plus
tard le malheureux Louis XVI), qui jette un certain jour sur cette question, et qui mérite d'être
citée en partie.

---

[1] Proyart : *De l'éducation publique.* Introduction.

L'abbé Nollet félicite d'abord son royal élève sur son application à l'étude des sciences : l'exemple du dauphin servira de stimulant aux amateurs de la physique. L'auteur ajoute : « Grâce à vous, Monseigneur, les progrès des sciences deviendront plus rapides ; et, avant de finir ma carrière, j'aurai la consolation de voir fixer son sort par des établissements solides et multipliés. Ceci, Monseigneur, n'est plus une simple prédiction, c'est un événement qui s'accomplit par la persévérance avec laquelle vous daignez exercer mes faibles talents, par l'émulation générale qui en résulte, et par les nouvelles écoles qui se forment de jour en jour dans nos provinces. » L'abbé Nollet signale encore dans la préface du même livre « le noble zèle qui anime les diverses universités du royaume pour la fondation des nouvelles écoles de physique [1]. »

Il n'était pas seulement question pour le clergé de s'ériger en chaud partisan de l'étude des sciences, de fonder des écoles et de créer des

[1] L'abbé Nollet. Préface de l'édition de 1784.

laboratoires, il lui fallait encore changer complè-tement le mode des cours et écrire des livres élémentaires pour les classes. Les sciences physiques, mathématiques et naturelles ne s'enseignent pas suivant la méthode scolastique. Un enseignement nouveau surgissant, des procédés nouveaux suivaient en conséquence; la voie était ouverte.

Dès 1620, Bacon avait indiqué, dans le deuxième livre de son *Novum organum*, la méthode qu' convient aux sciences naturelles : l'observation et l'induction. Descartes, en publiant en français, contrairement à l'usage du temps, son *Discours sur la Méthode*, avait rendu populaire un système qui ruinait les anciennes théories, en favorisant les progrès des sciences physiques et mathématiques.

Le clergé des collèges suivit la marche indiquée.

Au XVIIe siècle, Bossuet, pour écrire le second chapitre de la *Connaissance de Dieu et de soi-même*, qui est un véritable traité de physiologie, s'était mis, pendant un an, aux leçons d'anatomic du médecin Duvernay[1]. L'abbé Fleury se lance dans la voie tracée par Bossuet. C'est merveille de l'entendre railler le temps où « étudier la physique était lire et raisonner, comme s'il n'y eût point eu d'animaux, pour faire des anatomies, ni des plantes, ni des minéraux pour en éprouver les effets. Comme si les hommes n'eussent point eu l'usage des sens, pour reconnaître la vérité de ce que les autres avaient dit; en un mot, comme si la nature n'eût été plus de ce monde, pour la consulter elle-même [2] ». L'émule de Fénelon, dans l'éducation du dauphin, écrivait ces lignes dans son *Traité du choix et de la méthode des études vers le commencement du* XVIIIe *siècle.*

En 1770, l'abbé Coyer, cité par M. l'abbé Sicard, s'écrie dans son *Plan d'éducation publique :* « Fournissez à la géographie des cartes, à l'astronomie des globes, à l'histoire naturelle des productions de la nature, à la physique expérimentale tout ce que les Galilée, les Bayle, les

---

[1] Voir l'abbé Ledieu, *Mémoires.*
[2] *Traité du choix et de la méthode des Études,* ch. X et XIII.

Newton, ont imaginé de sensible, à la géométrie tout ce qui sert à mesurer les quantités et à lever des plans, à la mécanique des machines simples, dont le jeu soit facile à comprendre et à transformer les élèves en petits mécaniciens, à l'anatomie enfin, des squelettes factices, où l'on démontre le jeu des solides et des fluides qui composent le corps humain. »

En 1784, l'abbé Migeot, s'inspirant des idées de Fleury, écrivait dans ses *Éléments de philosophie* : « Il est indigne d'un philosophe de se laisser prévenir par les systèmes, de les recevoir comme principes et d'appuyer l'édifice des connaissances humaines sur des conjectures ingénieuses que l'expérience n'a jamais justifiées [1]. »

Tous ces conseils, toutes ces exhortations devaient porter nécessairement leurs fruits dans les collèges. On se mit aux expériences avec ardeur. L'abbé Nollet, dans « Son avis aux amateurs de la physique sur le choix, la construction et l'usage des instruments, paru en

---

[1] Migeot, *Philosophiæ elementa*, 1784, t. II, p. 188.

1770 », avoue qu'il est débordé par les lettres qu'il reçoit de ses confrères. De toutes parts on lui demande des conseils pour élever des laboratoires dans les écoles, pour construire des instruments d'observation. Le professeur du collège de Navarre avait déjà traité cette question technique et matérielle dans ses leçons de physique, en 1743, mais il lui avait été impossible de satisfaire complètement aux désirs des professeurs dans un cours élémentaire, et, c'est pour cette raison qu'il complétait, dans un nouveau volume, les leçons pratiques données précédemment [1].

Dès 1743, l'abbé Nollet disait dans la préface de son livre [2] : « Je ne présumais pas que mon école serait non seulement applaudie, mais imitée dans nos provinces par les collèges, par les universités, par les académies même. Depuis la publication de mon programme, plusieurs collèges des Jésuites, des pères de l'Oratoire, de la Doctrine chrétienne et de Saint-Lazare se sont mis

[1] L'abbé Nollet , *Leçons de physique expérimentale*, t. I, p. 21.
[2] V. la Préface de la 3e édit. de l'*Art des expériences*, p. xi.

dans l'usage de représenter les preuves d'expérience dans les exercices publics. »

Le progrès allait donc toujours croissant.

Les choses en étaient arrivées à ce point que l'abbé Proyart s'inquiétait de cette prise d'assaut de l'Université par un enseignement nouveau, qui allait jusqu'à dresser « des fourneaux dans toutes les classes et y installer des soufflets [1]. »

La prise de possession est tellement complète que l'abbé Coyer parle d'installer dans chaque maison d'éducation des jardins, pour étudier de plus près la nature et aussi « une ménagerie, où l'on rassemblera le plus d'animaux possible [2]. » L'abbé Le More, dans ses *Principes d'institution* met entre les mains des enfants de quatorze à quinze ans les principes de chirurgie de la Faye [3].

Évidemment, au milieu de cette révolution qui envahissait les bancs de l'école, l'usage du latin ne devait pas longtemps subsister dans les livres

---

[1] Proyart : *op. cit.*, p. 102.
[2] Coyer : *Plan d'éducation*, p. 130-180.
[3] Voir l'abbé Le More, *Manière d'élever les enfants des deux sexes*.

scientifiques. Une langue morte ne peut se plier aux exigences techniques, sans cesse renouvelées d'un cours de physique, d'histoire naturelle et surtout de mathématiques quelque peu développées.

L'exemple de Descartes fut suivi. Déjà, l'abbé La Caille, sur l'exemple de Rivard, qui avait écrit dès 1731, ses *Éléments de mathématiques* en français donne en cette langue des leçons de mathématiques, destinées à enseigner aux enfants les premières notions de cette science. L'abbé Nollet publie vers 1743, en français, sa *Physique expérimentale pour les écoles*. En 1784, l'abbé Hauchecorne et l'abbé Migeot écrivent, à la vérité, leurs *Philosophies* en latin, mais la partie scientifique de leurs éléments, celle qui est consacrée aux notions d'arithmétique, de géométrie, d'astronomie et de physique, est publiée en français. Cet exemple était suivi dans plusieurs collèges, c'est ce que constate une note de l'éditeur de l'abbé Migeot[1].

---

[1] L'abbé Sicard, *op. cit.*, p. 204.

Il est donc hors de doute que le clergé du xviiiᵉ siècle a suivi l'impulsion générale qui entraînait la France vers les études scientifiques, qu'il s'est conformé aux besoins de la société, en ouvrant des cours spéciaux, en établissant de nouveaux collèges, en suivant des procédés inconnus dans ces établissements. On peut se demander maintenant si le succès a couronné ses efforts.

La réponse est dans la bouche des adversaires de l'Église. Les auteurs des projets de loi sur l'instruction en 1789, en 1791 et en 1792, Villier, Talleyrand et Condorcet, n'ont articulé aucun grief sérieux sur la valeur des études et de l'enseignement ancien. Villier loue même, en général, le corps enseignant du régime, qu'on tendait à remplacer.

L'auteur [1] des *Idées patriotiques,* sur les méthodes et l'importance d'une éducation nationale, ouvrage destiné à être mis sous les yeux de l'Assemblée constituante, vers 1790, va jusqu'à

------

[1] Raymond de Varennes, p. 24.

dire qu'il est impossible de trouver de meilleurs instituteurs de la jeunesse que les professeurs ecclésiastiques. « Chacun avoue que ces hommes savants réunissent toutes les qualités propres au grand projet que je propose, » l'éducation nationale. « Où trouver une habitude plus *constante aux arts et aux sciences, une multitude* de sujets et d'*ateliers* plus dignes du dépôt que je leur confie ? »

Lucien Bonaparte, dans le rapport de germinal an VIII, avoue que « depuis la suppression des corps enseignants, l'instruction est nulle en France ». Le regret qu'il exprime pour l'ancien état de choses, est confirmé dans le rapport de Chaptal (brumaire an IX). « *On a cru* remplacer les collèges par les autres, mais on est loin *d'avoir atteint le but proposé.* »

Sous le Consulat, Duvidal[1] fait entendre à la tribune un éloge qui n'est pas moins concluant en faveur du clergé enseignant de l'ancien régime. « C'était un édifice gothique dans lequel

---

[1] Tribunal, 4 floréal, *Archives parlementaires.*

il y *avait beaucoup à conserver*. Trop de précipitation l'a fait écrouler et le malheur des temps en a *dispersé les précieux débris*. »

M. Jules Simon disait, en 1882, à l'Académie des sciences morales[1] : « Ce qui a causé l'échec de l'enseignement public pendant la Révolution, c'est qu'au milieu de beaucoup d'idées justes, élevées et fécondes, s'était *glissée une idée mortelle*, l'idée de l'épuration, de la *table rase*. »

L'enseignement qui fait peut-être le plus grand honneur au clergé du XVIIIᵉ siècle est celui des écoles militaires. On trouve l'éloge de ces institutions célèbres pendant le Directoire et le Consulat, jusque dans la bouche des plus chauds adversaires de la Religion.

Plus tard, en 1805, le mathématicien Lacroix écrivait : « *La fondation des écoles militaires fut une grande expérience pour perfectionner l'enseignement public*. Le gouvernement s'écarta, en faveur des jeunes élèves destinés spécialement à la profession des armes, de la routine,

---

[1] *Compte rendu de l'Académie des sciences morales,* avril, mai 1882.

et associa l'étude des mathématiques, de la physique, de l'histoire et de la langue maternelle à celle des langues anciennes, renfermées dans de justes limites [1]. » Or, qu'est-ce qui avait dressé ces programmes, dont Lacroix fait ici l'éloge? Le clergé!

C'est le clergé, en effet, qui, depuis 1776, enseignait avec ses méthodes à Sorèze, à Tiron, à Rebais et à Pontlevoy, dans la personne des Bénédictins; à Vendôme, à Effiat et à Tournon, dans la personne des Oratoriens; à Brienne, dans la personne des Minimes; à Pont-à-Mousson, dans celle des chanoines de Saint-Sauveur.

Il ne m'appartient pas de comparer la force des études aux résultats acquis; mais, sans nuire aux professeurs qui enseignent avec tant d'éclat dans nos écoles spéciales militaires, je puis me tourner avec complaisance vers les maîtres d'autrefois qui ont préparé à la France de la Révolution et de l'Empire tant de grands généraux dont le plus illustre, Napoléon, suffirait, à lui seul,

---

[1] *Essais sur l'enseignement en général*, p. 58.

pour immortaliser les vieilles institutions du passé.

On aura beau déployer tous les artifices de l'éloquence pour enlever au clergé un honneur qui lui revient de droit, on se heurtera fatalement à des résultats nettement accusés par une science scrupuleuse qui est parvenue à arracher à « l'organisateur de la victoire », à Carnot lui-même, le plus clair de ses triomphes pour le partager entre les officiers de l'ancien régime, élevés à l'école du clergé, qui entouraient le fameux conventionnel de leurs lumières et de leurs conseils.

CHAPITRE V

LE CLERGÉ ET L'ENSEIGNEMENT SECONDAIRE SPÉCIAL AU XIXe SIÈCLE

Que serait devenu, à notre époque, l'enseignement utilitaire introduit par le clergé du XVIIIe siècle dans les écoles ? Nul ne peut le dire. Évidemment, il eût porté des fruits, et tout porte à croire que la récolte eût été magnifique, à en juger par les espérances que la Révolution a fauchées. L'enseignement spécial a remplacé l'enseignement utilitaire, et l'édifice fondé par le clergé est demeuré inachevé. On a donc construit, à côté de l'ancien, un nouvel édifice dont nous ne sommes pas les architectes. Est-ce à dire que nous devons nous désintéresser de l'œuvre ? Non, puisqu'elle est destinée à abriter des générations qui réclament, avec justice, notre concours, et que les assises en ont été jetées sur un terrain qui nous appartient.

Seulement on nous oppose des barrières. Nous ne sommes pas, paraît-il, suffisamment outillés, nous ne valons pas nos devanciers.

C'est M. Lerminier qui nous le dit et on ne se fera pas faute de le répéter :

« Le christianisme est une des journées de l'humanité. Cette journée, à son avènement, fut un progrès, parce qu'elle était une aurore ; maintenant qu'elle arrive au soir, elle serait, si elle se prolongeait, un obstacle, parce *qu'elle retarderait une plus éclatante lumière* [1]. »

Ces paroles, qui résument les idées de la philosophie positive sur le catholicisme, sont devenues un programme. C'est le mot d'ordre de l'athéisme et du matérialisme contre les choses du passé. « La philosophie moderne doit continuer le christianisme, en le perfectionnant, » ajoute M. Lerminier. Perfectionner le christianisme ! La méthode est simple pour les ennemis

---

[1] Lerminier, *Études philosophiques et historiques.*

de la Religion : c'est le détruire. Seulement, comme on n'abat pas d'un seul coup de cognée un arbre puissant, qui a jeté pendant des siècles ses racines jusque dans les entrailles du sol, et à l'ombre duquel se sont reposés des milliers de générations, qui l'ont entouré de leur culte et de leur vénération ; on s'en est allé chercher des manœuvres pour cette besogne. Ils sont accourus en foule : les uns armés d'une science hypocrite ; les autres, de la méchanceté impie ; les plus nombreux, de la calomnie. Ceux-là sont les auxiliaires précieux du parti, parce que c'est un clan toujours préparé pour les basses œuvres. Il en impose à la multitude ignorante. Son système, Voltaire en a ourdi la trame, il y a quelque cent ans : « Mentez, il en restera toujours quelque chose. » C'est cette parole monstrueuse qui inspirait à Alfred de Musset ces vers où l'indignation déborde et se répand à flots pressés :

Dors-tu content, Voltaire, et ton hideux sourire
Voltige-t-il encore sur tes os décharnés ?

Ton siècle était, dit-on, trop jeune pour te lire.
Le nôtre doit te plaire et tes hommes sont nés.
Il est tombé sur nous, cet édifice immense,
Que, de tes larges mains, tu sapais nuit et jour [1].

Non, l'édifice n'est pas tombé, parce que Voltaire a su mentir avec esprit. Julien l'Apostat était autrement puissant que le plat courtisan de Frédéric, dont les étapes pour la gloire sont marquées par des traits d'infamie, et Julien l'Apostat a échoué misérablement ! Aujourd'hui encore, le catholicisme impose par sa force et sa majesté : et la meilleure preuve, c'est la crainte qu'il inspire à ses adversaires. Cette crainte a revêtu, depuis quelques années, des formes qu'il serait superflu d'énumérer ; la plus terrible, c'est la persécution. C'est la crainte qui a édicté ces lois de rigueur contre les congrégations.

Personne ne s'est trompé sur la nature et le but de cette entreprise. On visait les jésuites qui commençaient à « encombrer les rangs de la « magistrature et de l'armée de leurs sujets ».

____
[1] *Rolla*, ch. IV.

C'est encore la crainte qui a ourdi ce système de lois absurdes sur le recrutement, pour atteindre au cœur les instituts des frères. La crainte qui, poursuivant son œuvre, a conseillé aux hommes de la classe moyenne de confier leurs enfants à des instituteurs laïques, sous prétexte que le clergé, professeur suffisant, quand il s'agit de latin et de grec, est tout à fait incapable, quand il est question d'enseigner à des enfants la législation, la comptabilité et les sciences pratiques, en usage dans la vie. C'est à détruire cette erreur que je m'attache dans ce chapitre.

Voici les principaux chefs d'attaque que l'on dresse contre les ecclésiastiques, au sujet de l'enseignement spécial. Je les ai puisés dans des livres, écrits par des auteurs de la *libre pensée*, ou dans des articles animés d'un singulier esprit de parti :

1° Le clergé ne s'est jamais préoccupé des questions d'enseignement spécial, parce qu'il les croyait d'un ordre inférieur à celui des études classiques.

2° Pour enseigner une branche de connaissances, il faut y être préparé. Or, le clergé n'a subi aucune préparation pour ce genre d'enseignement, ni médiate, ni immédiate ;

3° Pour réussir enfin, auprès des enfants, il faut aimer les choses qu'on leur enseigne. Or, le clergé n'a aucun goût pour l'enseignement du français et, la preuve, c'est qu'il s'est déchargé sur les congrégations des frères, dans ses collèges de latin, du soin d'apprendre l'orthographe et les éléments du calcul à ses élèves de huitième et de neuvième.

Il me semble que les objections sont nettement formulées. Je vais opposer à chacune d'elles un démenti aussi nettement accusé et appuyé, d'ailleurs, sur des considérants tirés de la raison et de l'histoire.

Que le clergé ne se soit jamais occupé des questions d'enseignement spécial, c'est une chose que j'étudierai, à fond, dans le chapitre suivant. Cependant, dès maintenant, je puis affirmer que cette proposition est fausse. En effet, ce système d'études est en germe dans tous les traités pédagogiques émanant des ecclésiastiques, au xviiie siècle. L'honneur de cette idée revient de droit à l'abbé Fleury. C'est lui qui, le premier, a jeté dans son « Treité des études » le plan *d'une instruction et d'une éducation purement utilitaires*, avant que l'Allemagne ait ouvert une seule de ses « realschulen ». Parmi les plus anciennes écoles moyennes de Prusse, en effet, se trouve celle du conseiller Hecker. Or, la fondation de cette réalschule date de 1747 [1], et l'abbé Fleury mourait en 1723.

Le voyage entrepris en 1833 par MM. Cousin et Saint-Marc Girardin, pour étudier en Allemagne le plan d'études des écoles bourgeoises, de l'avis même de M. Hippeau, était donc inutile, puisque nous avions un système d'études utilitaires parfaitement adapté au caractère et au génie de notre nation [2]. Malheureusement le plan émanait d'une plume ecclésiastique. Aujourd'hui que l'instruction tout entière repose entre les mains de l'État, qui élabore ses programmes et les impose, comme il l'entend, le clergé n'est

[1] Hippeau, *Instruction publique en Allemagne*, p. 159.
[2] Hippeau : *op. cit.*, p. 147.

plus appelé aux conseils qui président à l'éducation et à l'instruction de la jeunesse ; force lui est donc de se taire et d'accepter ce qu'on lui impose. Au moins, combat-il sur le terrain qu'on lui laisse : la fondation et la direction des écoles libres, et, pour ce qui nous occupe, la fondation d'*écoles d'enseignement spécial*, il suffit d'ouvrir les yeux.

Le Nord compte, au moins, vingt-cinq établissements d'enseignement spécial et d'études pratiques, tenus par des ecclésiastiques. Le diocèse de Cambrai possède, à lui seul : le collège de Notre-Dame, à Cambrai même ; l'Institut de Notre-Dame, à Roubaix ; celui de Marcq, à Bæreul ; et, enfin, le collège de Notre-Dame-de-Grâce, à Bæreul, où le clergé donne des cours d'*enseignement spécial* aux enfants des industriels si nombreux dans le département du Nord. Le diocèse d'Amiens possède, outre le petit séminaire de Saint-Riquier, qui a *ouvert des cours spéciaux*, ainsi que l'école secondaire ecclésiastique de Saint-Thomas, le magnifique collège de Saint-Martin, où les ecclésiastiques professeurs pré-

parent au *commerce*, à l'*industrie* et *aux différentes carrières administratives*, *qui ne sup-
posent pas l'étude du latin*. Le diocèse d'Arras
n'est pas moins richement do.. en établissements
de ce genre. Le diocèse de Rouen et celui de
Beauvais comptent, eux aussi, des *professeurs
d'enseignement spécial*, dans *les collèges dirigés
par des ecclésiastiques*[1]. On peut dire que, dans
tous les centres industriels ou commerciaux de
quelque importance, le clergé a eu conscience
de la mission qui lui était échue, à notre époque,
d'aller vers les classes moyennes de la société,
pour les élever, suivant la belle parole de M. de
Mun, vers les pures régions de l'idéal religieux.

L'Est n'est pas moins bien partagé que le
Nord. Malgré l'état de tiédeur religieuse où sont
tombés quelques diocèses dans cette partie de la
France, les catholiques comptent une *quinzaine
d'établissements, où des professeurs ecclésiastiques donnent des cours d'enseignement spécial*.
Le plus important, peut-être, est celui de Mal-

---

[1] Tous les documents de statistique de ce chapitre ont été pris
dans l'*Annuaire de l'enseignement libre de Gaume*.

grange où des licenciés ès lettres et ès sciences se sont donnés au nouveau système d'études. On comprend, d'ailleurs, que le voisinage de l'étranger ait exercé une certaine influence sur le clergé de ces contrées, pour la fondation d'écoles spéciales.

Mais, c'est surtout dans le Midi que le clergé semble avoir fait le meilleur accueil aux récentes méthodes. Le diocèse d'Agen, grâce à l'impulsion donnée aux études par Mᵍʳ Fonteneau, possède, depuis 1876, trois établissements dotés de *professeurs ecclésiastiques pour l'enseignement spécial*. Le diocèse de Bayonne et celui de Tarbes ne sont pas moins bien partagés. Celui de Carcassonne n'est pas inférieur à ces derniers diocèses. En outre, l'autorité ecclésiastique a ouvert, depuis 1875, dans l'école libre de Saint-François-de-Sales, des cours préparatoires à Saint-Cyr et à l'École centrale. Le diocèse de Marseille, celui de Fréjus et de Perpignan, possèdent chacun trois *établissements organisés pour des cours d'enseignement spécial*. Le diocèse d'Ajaccio a fait le même accueil aux programmes nouveaux *dans ses deux établissements ecclésiastiques.*

Je ne veux pas fatiguer le lecteur par une longue énumération. J'ai consulté l'annuaire de l'enseignement libre de Gaume, j'ai pu constater que la plupart des *collèges* ont, *dans le Midi,* des cours de français donnés par des *professeurs ecclésiastiques* et que ces cours sont, *en très grand nombre, préparatoires aux examens de l'enseignement secondaire spécial.*

Chose digne de remarque, et qui prouve à quel point l'autorité ecclésiastique s'est intéressée à ces questions de pédagogie pratique.

Dans le Midi, la plupart de ces établissements, sauf quelques-uns, comme Sorèze et Rumilly, qui existaient avant la Révolution sont de fondation tout à fait récente. La lutte sur le terrain des écoles pratiques paraît s'être accentuée depuis 1875. On a combattu avec enthousiasme, et cet enthousiasme s'est répandu jusque dans les murs des collèges. On a adopté des symboles, des emblèmes destinés à ranimer dans le cœur des élèves l'amour de la patrie et de la religion. Tantôt, c'est un labarum, avec cette devise : « *Laboremus* », au-dessous d'une ruche ; tantôt, c'est un drapeau sur lequel est brodé un lys entouré d'épines, avec cet exergue célèbre : *Contra spem in spem*. Puis on a taillé largement, au milieu de campagnes riantes et décorées d'arbres, de grands édifices où les enfants sont à l'aise. C'est le système anglais dans sa perfection. On comprend sans peine que, dans le Centre, les établissements ecclésiastiques d'enseignement spécial soient en petit nombre. Ce n'est pas que, dans certains diocèses, comme celui de Lyon et celui du Puy, par exemple, les industries locales ne soient et nombreuses et prospères ; mais la foi a subi de terribles dépressions dans certaines contrées, et, dans d'autres, les habitants sont pauvres et incapables, par là même, de fournir aux exigences pécuniaires d'une vie de pension.

Cependant, à Lyon même, l'école Saint-Irénée, l'école des Chartreux, l'école libre de Saint-Thomas-d'Aquin, ont des *cours de français donnés par des ecclésiastiques*. Le petit séminaire de

Nevers possède une *annexe d'enseignement spécial, préparatoire aux examens*, et l'institut Saint-Romain, fondé à Château-Chinon, en 1876, par Mgr Ladoue, dans le même diocèse, comprend l'*enseignement primaire, élémentaire et supérieur*, tenu par des ecclésiastiques. Dans le diocèse de Clermont-Ferrand, trois établissements, dirigés par des prêtres, préparent aux différents baccalauréats. A Bourges, l'*institution Sainte-Marie* possède l'*enseignement spécial*. Dans le diocèse d'Orléans, à Pithiviers et à Gien, il y a également des collèges ecclésiastiques où les études sont adaptées aux *récents programmes*. Dans le diocèse de Blois, l'école de Pontlevoy et le pensionnat Saint-Laurent possèdent des cours préparatoires aux examens de français. Les classes y sont tenues par des *ecclésiastiques* nommés par le conseil épiscopal.

Si le clergé possède dans l'Ouest de nombreuses maisons d'éducation, où se donnent des études de latin, il ne paraît pas avoir aussi volontiers accordé droit de cité à l'enseignement nouveau que celui des autres parties de la France.

Ce n'est pas que les ecclésiastiques de cette contrée se soient désintéressés de cette question; mais ils se sont déchargés du soin d'enseigner le français sur les congrégations des frères. C'est d'ailleurs la méthode qu'a suivie le diocèse de Paris. Il était dans l'intérêt des instituts de Ploërmel et de Saint-Laurent-sur-Sèvre de fonder dans le pays où ils étaient nés, le plus de pensionnats possible.

Les autres congrégations de frères devaient également chercher à s'implanter dans une région privilégiée, où la foi des habitants offre des ressources précieuses pour le recrutement des vocations religieuses.

Cependant les diocèses de la Rochelle, de Poitiers, de Luçon, du Mans, de Laval, de Saint-Brieuc, de Coutances, de Bayeux et d'Évreux possèdent des établissements ecclésiastiques destinés à l'enseignement du français et préparatoires aux examens du *baccalauréat spécial*.

Une place devait être réservée, dans le diocèse d'Angers, aux nouvelles méthodes. Mgr Freppel, avec cette claire vue des besoins de la société actuelle, qui le caractérise, et qui seconde si puissamment son grand talent d'orateur et d'écrivain, a ouvert, à Angers et à Saumur, des cours d'enseignement spécial. A plusieurs reprises, nous avons vu Sa Grandeur assister avec les professeurs de sciences de l'Université catholique, aux examens de semestre, interroger lui-même les élèves et les suivre, comme en se jouant, à travers le dédale des théorèmes de géométrie descriptive.

De tout ce qui précède il résulte :

1° Qu'on a enlevé au clergé l'honneur d'avoir introduit en France un système d'études pratiques, pour y substituer l'enseignement secondaire spécial, que MM. Cousin et Saint-Marc Girardin ont importé d'Allemagne, les premiers ;

2° Que le clergé, partout où il a cru pouvoir et devoir le faire, a ouvert des écoles d'enseignement spécial ;

3° Que les écoles pratiques ecclésiastiques, multipliées dans le Nord, dans l'Est et le Midi, sont relativement nombreuses dans le Centre et dans l'Ouest. Donc, le clergé s'est préoccupé des questions d'enseignement spécial en France, et il ne les a pas crues indignes de ses soins et de ses études.

J'arrive à la seconde objection : le clergé n'a subi aucune préparation ni médiate ni immédiate pour ce genre d'enseignement pratique. Quelles sont les matières exigées dans les programmes ? L'étude approfondie de la langue française, en particulier, des chefs-d'œuvre littéraires du xviie, du xviiie et du xixe siècles ; des connaissances mathématiques, comprenant l'arithmétique : l'algèbre, la géométrie et la mécanique ; des éléments de sciences physiques et naturelles ; les langues vivantes et le dessin pratique. Or, ces parties d'études sont, à quelque chose près, enseignées dans les petits séminaires, qui suivent tous, aujourd'hui, les programmes officiels, préparatoires aux baccalauréats. Il est donc faux de dire que les ecclésiastiques n'ont pas eu de préparation médiate.

Quant à la préparation immédiate, elle est excellente pour la partie philosophique et littéraire.

Quelles ressources, en effet, ne procurent pas aux ecclésiastiques les grandes études théologiques pour la compréhension et l'explication des auteurs philosophiques ? Quelle force ne donne pas, au professeur prêtre, pour l'enseignement des chefs-d'œuvre français, la connaissance de la langue grecque et de la langue latine, qu'il a acquise par plus de dix années d'un travail sérieux. Il saisit les nuances et les finesses de l'art littéraire avec une facilité que ne peut posséder, même avec une intelligence supérieure, un professeur qui n'a pas subi cette préparation. M. Gaudier, inspecteur d'académie [1], a écrit, sur ce sujet, des choses pleines de sens. Les conseils qu'il donne aux instituteurs de français, qui n'ont pas étudié la langue latine, sont excellents, et ils prouvent la vérité de mon assertion.

La préparation serait-elle inférieure pour les connaissances mathématiques et physiques qui demandent des spécialistes ? Le clergé possède

[1] *Annuaire de l'enseignement primaire*, 1887. Article de M. Gaudier.

des hommes qui se sont adonnés par vocation et par goût à l'étude des sciences. On peut donc trouver, dans ses rangs, des professeurs pour les écoles pratiques. « Sans doute, » dit M. Compayré, « mais la méthode ? Cette méthode dont nous avons le secret et qui est comme notre marque de fabrique. » La méthode ! Un jour, les hommes remarquables qui composaient la commission d'enseignement libre de 1850, firent venir à leur barre le supérieur des frères de la Doctrine Chrétienne [1] pour lui demander le secret de sa méthode. Il répondit : « Le dévouement [2] ». Il y eut comme un frémissement de surprise parmi les membres laïques de la commission. C'est la meilleure réponse qu'on puisse faire à M. Compayré.

Cependant, je procède logiquement. On compte, par centaines, les professeurs de sciences que le xviiie siècle a produits, parmi les ecclésiastiques séculiers et réguliers. Ces professeurs ont-ils réussi ? C'est un fait avéré. Avaient-ils subi

---

[1] Le frère Philippe.
[2] V. M. Lacombe.

quelque préparation immédiate ? Aucune. Ils s'étaient formés eux-mêmes par leurs propres ressources. Il est permis de conclure que le clergé d'aujourd'hui peut arriver aux mêmes résultats par des procédés identiques. Les mêmes causes produisent les mêmes effets, quand les circonstances ne changent pas.

Les professeurs de sciences physiques et mathématiques réussissent-ils dans les petits séminaires ? On s'accorde généralement à le reconnaître. Pourquoi les ecclésiastiques qui enseignent les mêmes connaissances dans les établissements d'enseignement spécial, n'auraient-ils pas les mêmes succès, puisque les uns et les autres ont suivi les mêmes études, ont partagé le même enseignement ? Les sophismes de nos adversaires tombent devant cette parole de M. Armand de Melun[1] : « En interrogeant un homme pendant une heure ou deux, vous pouvez peut-être savoir s'il est instruit, quant à lui, mais non s'il est capable d'enseigner aux autres. Ce n'est qu'en examinant les élèves qu'il aura eus sous sa di-

[1] Commission d'enseignement libre 1850, M. Lacombe.

rection, que vous pourriez parvenir à ce résultat. »

Les professeurs ecclésiastiques de sciences forment-ils de bons élèves dans les collèges spéciaux? Les examens en font foi. Donc ils sont capables.

Il est évident que, pour faire un bon professeur de langues étrangères, il n'est pas nécessaire d'avoir passé par les collèges de l'État. La meilleure méthode, pour apprendre à fond et pour enseigner suffisamment l'allemand et l'anglais, c'est de parler, en leur langue, avec les étrangers. C'est le système adopté en Allemagne et en Angleterre pour l'étude de la langue française, et, selon moi, il n'y en a pas d'autres. Cette méthode est généralement suivie par les ecclésiastiques dans les établissements où ils enseignent. Les programmes en vigueur sont les mêmes dans les collèges de l'État et dans les maisons d'éducation tenues par des prêtres. On doit donc arriver à des résultats identiques.

Pour l'enseignement du dessin pratique, il est évident qu'il faut des spécialistes qu'on ne rencontre pas généralement dans les rangs du clergé ; cependant, il n'est pas de petit séminaire qui ne soit pourvu de cours de dessin, suivis par des jeunes gens qui entreront plus tard au grand séminaire. On ne peut refuser à ces élèves, devenus des hommes, de pouvoir cultiver leurs capacités et de devenir d'excellents professeurs. Il y a, aujourd'hui, des prêtres fort capables, que des gens de métier se font un honneur de consulter, quand il s'agit de lever un plan, de construire ou d'embellir un édifice. Ne serait-ce pas une injustice de refuser à ces hommes distingués la capacité de former des disciples et d'enseigner?

Le second chef d'accusation tombe devant ces simples arguments. D'où il résulte que les ecclésiastiques peuvent devenir et sont, de fait, d'excellents professeurs de langues française et étrangère, de sciences physiques et mathématiques, et que le clergé peut fournir également à ses établissements diocésains de bons professeurs de dessin pratique.

Je vais toucher ici, dans la discussion de la

.troisième et dernière objection, à la question capitale, car il est évident que le clergé doit renoncer, à tout jamais, à la fondation d'un seul collège d'enseignement spécial, s'il ne se voue, en même temps, à l'enseignement primaire. Quand on pose un principe, il faut en admettre les conséquences. L'enseignement spécial est un prolongement de l'enseignement primaire, sur lequel il est enté. On ne peut donc, dans un même établissement, admettre le premier, sans donner droit de vie au second. Or, si l'on trouve parmi le clergé, des hommes qui s'adonnent volontiers aux parties d'études supérieures et plus intéressantes de l'enseignement secondaire spécial, en rencontrera-t-on qui se dévoueront aux humbles fonctions d'instituteurs primaires ?

Je dis que le clergé donnera, s'il le faut, l'exemple de désintéressement qui paraît nécessaire pour exercer ce ministère. On a dit que les établissements de latin ont confié à des frères le soin d'enseigner les enfants de huitième et de neuvième. C'est faux, non pas absolument, car il existe peut-être, en France, une vingtaine d'établissements de latin, où les classes élémentaires sont confiées à des frères. Dans tous les autres, il y a des classes préparatoires de français dirigées par des ecclésiastiques. Or ce que le prêtre fait pour l'enseignement classique, pourquoi ne le ferait-il pas pour l'enseignement spécial? Il y a parité dans les deux cas.

Quoi qu'il en soit, je vais entrer dans le vif de la question. Elle est intéressante à étudier, au point de vue de la raison et de l'histoire. Nos adversaires s'imaginent volontiers que le prêtre n'est fait que pour administrer les sacrements. Ils veulent cantonner le clergé dans l'Église, avec défense d'en sortir, laissant, comme ils le disent, à Dieu ce qui est à Dieu et à César ce qui est à César.

Les ecclésiastiques, doués d'une culture intellectuelle supérieure à celle des instituteurs, ne peuvent avoir de goût pour l'enseignement élémentaire du français. Ce sophisme se cache sous les arguments les plus insidieux de M. Quinet, de M. Mundella, cet anglais autorisé, dit M. Compayré, et dans les articles de M. Compayré lui-même, car il importe selon lui « d'assurer à l'éducation une direction meilleure et un essor nouveau [1] ».

Il y a dans le prêtre deux éléments différents et parfaitement définis selon moi : la vocation, distincte du caractère, et variant chez les individus, suivant les goûts, les aptitudes, les instincts de nature ; puis le caractère sacré lui-même, commun à tous les prêtres, quels qu'ils soient.

Ainsi, pour éclairer la chose par des exemples, saint Bernard, saint François de Sales, saint Thomas d'Aquin, Amyot, Bourdaloue, le savant Haüy, l'abbé Guénée, et, de nos jours, le père Secchi ont eu le même caractère sacerdotal ; mais quelle différence dans les goûts, dans les aptitudes. Chacun de ces hommes remarquables a suivi l'impulsion de nature qui lui était propre, et tous ont rendu service à la Religion et à l'humanité dans la sphère d'action ou d'études qui leur était assignée par leur vocation spéciale. Ce qui existe tout d'abord dans le prêtre, c'est

---

[1] Voir l'article de M. Compayré dans l'*Annuaire de l'enseignement primaire*, p. 276-277.

donc la vocation, cet attrait qui l'incline vers telle ou telle direction, pour sauver ses frères, en assurant son salut à lui-même. La grâce et le caractère sacré viennent ensuite, pour embellir la nature et la fortifier.

Mais alors, cette vocation qui attire les instituteurs laïques vers l'instruction des enfants, pourquoi ne se rencontrerait-elle pas dans quelques prêtres ? Vous aimez ces fonctions, vous y êtes attaché ; pourquoi, moi, ecclésiastique, ne les aimerai-je pas ? Je suis homme, comme vous ; je n'ai rien abdiqué de ma nature ; seulement j'ai un caractère sacré que vous ne possédez pas.

Cet argument, le célèbre Gerson aurait pu le tenir, s'il avait vécu de nos jours, devant nos adversaires. Gerson qui, après avoir fait retentir les échos de la Sorbonne du merveilleux éclat de son éloquence, ne crut pas rabaisser son talent, en se faisant maître d'école, pour sauver des âmes. Cet exemple ne prouve rien, dira-t-on, il est isolé. J'ai cru avoir suffisamment démontré que le clergé, au moyen âge et depuis, s'était dévoué à cet humble ministère, toutes les fois qu'il l'avait cru nécessaire. Si l'on veut des exemples, pour l'âge qui a suivi la Révolution, les documents historiques nous les fourniront.

Même, pendant la tourmente qui dispersa les « précieux débris du passé », des ecclésiastiques, demeurés fidèles à leur poste continuèrent d'exercer, en secret, et quelquefois, de connivence avec l'autorité, leurs fonctions d'instituteurs. L'exemple de l'abbé Haüy, cité vingt fois, n'est pas le seul. C'est même par un prêtre, caché pendant la Révolution, et continuant d'instruire les enfants qu'on lui confiait, que la méthode de l'enseignement mutuel donné à Versailles, dans l'école fondée par Louis XVI, nous a été conservée. Il est regrettable que le *Moniteur* du 13 janvier 1818 n'ait pas relaté le nom de cet ecclésiastique du Midi, dont il célèbre à juste titre le dévouement.

On ne peut se faire aujourd'hui une idée de l'état de délabrement dans lequel se trouvait l'instruction en France, au commencement du siècle. En 1818, la plupart des communes manquaient d'instituteurs : « Depuis plus de dix ans que la grandè réforme était annoncée, promise et figurait périodiquement dans les lois solennelles, rien n'avait été fait pour la réaliser [1] ».

Quel fut le rôle du clergé d'alors ? Celui que le clergé d'autrefois avait si volontiers accepté ! Les ecclésiastiques reprirent leurs fonctions d'instituteurs dans un grand nombre de paroisses. Dans un rapport sur l'instruction, fait sous le consulat, François de Nantes dit que : « Dans le Vaucluse, les Bouches-du-Rhône, le Var, les Basses-Alpes, les Alpes-Maritimes, *les anciens curés et vicaires apprennent à lire aux enfants.* » En sorte que, ajoute-t-il, « l'ancien état de choses est revenu ». Il était si bien revenu que plus de trente conseils généraux réclamaient les anciennes congrégations pour les écoles centrales, et que, dans les Deux-Sèvres, la Charente-Inférieure, la Vendée, la Loire-Inférieure, Fourcroy proposait « de rendre les presbytères aux anciens curés, en les astreignant à apprendre à lire et à

____

[1] *Moniteur* du 13 janvier 1818. Biblioth. d'Angers, Recueil.

écrire aux enfants des paysans [1]. » Dans l'Ouest,
en effet, aussi bien que dans les autres parties
de la France, le clergé ne s'était *tout d'abord*
livré qu'à l'instruction primaire des enfants les
plus intelligents et demeurant à quelque distance
du presbytère, car il importait, avant tout, au
bien de la religion, de former au plus tôt un nouveau contingent pour combler les vides faits par
la Révolution dans les rangs ecclésiastiques.

Ce fait de curés et de vicaires, faisant l'école
primaire, s'est retrouvé dans toute la première
moitié du xixe siècle. M. Thiers le constatait
en 1849 au sein de la commission d'enseignement libre « pour *certaines parties de la France* »,
en particulier « pour le Midi, où *beaucoup de
curés s'étaient chargés de l'école* [2] ». L'exemple
de Gerson et celui de quelques hommes illustres
ne sont donc pas isolés, et je suis en droit de
conclure, par tout ce qui précède, que le clergé
peut fournir des prêtres enseignant, dans les
classes élémentaires, les notions de français,

[1] *Revue des quest. hist.*, octobre 1887.
[2] M. Lacombe (Commission d'Enseig. libre, 1850).

3*

toutes les fois que le bien des âmes et les circonstances l'exigeront.

Tous les systèmes dressés contre l'enseignement ecclésiastique dans les collèges spéciaux, ne tiennent donc pas devant des arguments de simple bon sens, appuyés de témoignages historiques. M. Quinet a écrit dans son livre *De l'éducation du peuple* : « Comment s'est constituée la science moderne ? En se séparant de la science de l'Église. Le droit civil ? En se séparant du droit canon. La constitution politique ? En se séparant de la religion d'État. Tous les éléments de la sociabilité moderne se sont développés en s'émancipant des Églises. Le plus important de tous reste à ordonner, l'éducation. Par une conséquence qui se déduit de tout ce qui précède, *n'est-il pas clair qu'il ne peut être ordonné qu'à la condition d'être pleinement séparé de l'éducation ecclésiastique* [1] ? »

M. Berthelot, ancien ministre de l'Instruction publique [2], appuyant sur cette proposition les

[1] *Annuaire de l'enseignement primaire*, p. 268, année 1887
[2] M. Compayré, article sur la loi de 1886.

théories actuelles, a écrit dernièrement qu'il croyait « à la légitimité de la lutte entamée depuis dix ans, et qui se poursuit, *pour séparer les organes de la société civile de ceux de l'Église et des associations religieuses* ».

Ces textes, si clairs, si nettement exprimés, j'aurais pu les multiplier vingt fois au cours de ce chapitre, pour prouver que je ne combattais pas des assertions imaginaires. Ils suffisent, il me semble, du moins, pour décider, en faveur de la lutte, les catholiques qui hésiteraient encore à s'y engager. Il n'est plus permis de douter aujourd'hui du but qu'on se propose. Le temps des hésitations, des atermoiements est passé.

M. Francisque Sarcey écrivait de Voltaire, au mois de novembre 1887[1], à propos de la statue qu'on vient de lui dresser à Paris même : « Il y a tant de gens qui le traînent dans la boue, sans l'avoir jamais lu ; il est si mollement défendu par quelques-uns de ses amis » !

Il me semble que la proposition peut être renversée. Ce n'est pas Voltaire que l'on traîne dans

---

[1] *Annales politiques et littéraires*, 12 novembre 1887.

la boue, lui, à qui on élève des statues. C'est le christianisme, que le patriarche de Ferney a essayé de flétrir, comme il a essayé d'avilir aux yeux de nos ennemis notre patriotisme dans sa fleur la plus immaculée : « Le christianisme qui, à travers mille persécutions, malgré des lois vexatoires et toutes faites pour empêcher les associations privées des citoyens, ouvrit l'ère des efforts libres! Le christianisme, qui prit l'homme plus profondément qu'on ne l'avait pris jusque-là! Le christianisme qui créa, au milieu du froid glacial d'une société égoïste, un petit monde où l'homme trouva des motifs de bien faire, et des raisons d'aimer [1] », a vu les haussements d'épaules de Voltaire, et ses disciples d'aujourd'hui applaudissent à l'œuvre qu'il a tentée, et qu'ils secondent de leurs efforts.

On ruine, en enlevant à l'Église le droit d'élever la génération actuelle, le dernier principe d'autorité qui existe en France. Cette barrière, que M. Quinet signale à nos adversaires, une fois renversée, il ne restera plus qu'un abîme

---

[1] Renan, *Part de l'État et de la famille dans l'éducation.*

profond dont Montesquieu a sondé la ténébreuse horreur.

Les hommes de l'avenir nous feraient un crime de ne pas avoir compris les besoins de l'heure actuelle, et de n'avoir pas imité les chrétiens du IVe siècle, qui ont assuré le triomphe de l'Église et jeté, par des associations en dehors de l'État, les premières assises de cette civilisation, qui a fait de la France, jusqu'en 1792 « le plus beau royaume après celui du ciel [1] ».

Il résulte de toutes les démonstrations qui sont contenues dans cette deuxième partie, qu'il a toujours été de tradition dans le clergé de former d'excellents professeurs de sciences utilitaires. La thèse de nos adversaires ne se soutient donc pas. Je vais même plus loin. Non seulement le clergé offre toutes les qualités nécessaires aux professeurs de l'enseignement secondaire spécial, mais c'est encore lui qui a découvert cet enseignement, et j'ajoute qu'il est impossible de se passer de ses services quand on veut en tirer le meilleur parti dans la pratique.

[1] Grollus et Joseph de Maistre.

CHAPITRE VI

HISTORIQUE ET CRITIQUE DE LA FONDATION DE L'ENSEIGNEMENT SPÉCIAL EN ALLEMAGNE ET EN FRANCE

Dans une première partie de mon travail, j'ai démontré la nécessité et les avantages de l'enseignement secondaire spécial ; dans une seconde partie je me suis attaché à faire voir que le clergé avait excellé, au moyen âge, dans l'enseignement des sciences graphiques, au XVIIIe siècle dans celui des sciences utilitaires, et, à notre époque enfin, qu'il pouvait fournir et fournissait, de fait, de bons professeurs d'enseignement spécial. Je me propose maintenant de faire connaître à fond, et par le détail, l'histoire et l'organisation de l'enseignement moyen.

Dans cette troisième partie, je ferai, tout d'abord, l'historique de l'enseignement spécial en Allemagne et en France, je parlerai ensuite de l'organisation de cet enseignement à l'étranger et dans notre pays.

Je consacre ce premier chapitre à l'histoire de l'enseignement secondaire spécial en Allemagne et en France.

On sait que la fondation de nos collèges d'enseignement moyen remonte au fameux voyage entrepris, en 1833, par MM. Cousin et Saint-Marc Girardin, qui étaient allés étudier l'organisation des écoles réelles chez nos voisins d'outre-Rhin. Historiquement parlant, je suis donc amené à étudier le développement de ces écoles chez les Allemands ; au point de vue critique, l'histoire de l'enseignement moyen à l'étranger me fournira l'occasion de démontrer que nous avons eu tort d'aller chercher des inspirations de l'autre côté du Rhin.

A mon avis, en effet, le voyage de nos inspecteurs a été *inutile* et *préjudiciable*.

Inutile, — parce que nous avions déjà en France des matériaux et des plans tout préparés pour élever l'enseignement spécial.

Préjudiciable, — parce que le voyage de MM. Cousin et Saint-Marc Girardin a été, en partie du moins, la cause de tâtonnements déplorables, qui ont retardé les progrès des études moyennes.

Préjudiciable encore, parce que nos inspecteurs et l'État, de connivence avec eux, ont laissé de côté ce qu'il y avait de bon dans le système allemand, et pris tout ce qui était mauvais [1].

Depuis 1528, époque où Mélanchton excluait le grec de son plan d'études, cette langue n'a guère été en honneur chez nos voisins. On n'en peut dire autant du latin, qui fut cultivé avec tant d'ardeur par les grandes et les petites écoles, qu'il absorba, jusqu'au commencement du siècle, tout autre enseignement. Aussi n'est-on pas surpris d'entendre Doderlein nous apprendre que, jusqu'en 1808, l'histoire et la géographie étaient

[1] Les documents historiques de ce chapitre ont été tirés 1° d'un mémoire lu par le docteur Krumme, directeur de la Realschule de Brunswich, dans l'assemblée générale de l'Union scolaire libérale, tenue à Bochum, le 11 octobre 1885 et reproduit dans la *Revue Internationale de l'enseignement libre*, v. le n° du 15 avril 1886 ; 2° d'un article de M. G. Jost, publié dans les annuaires de l'enseignement primaire, années 1886, 1887 ; 3° du livre de M. Hippeau sur l'*Instruction publique en Allemagne*.

absolument inconnues à l'école de Pforta. « Celui qui montrait quelque goût pour ces études, ajoute le docteur Krumme, passait pour un esprit su-superficiel, qui n'avait d'intérêt que pour les études amusantes, ou des futilités qui n'exigeaient que de la mémoire. »

« Nul n'était contraint, dit F. A. Wolf, d'étudier les mathématiques. Il suffisait de faire acte de présence aux leçons. »

A l'école de Grimma, on professait le même dédain à l'égard des sciences abstraites et des langues étrangères.

« L'algèbre y était inconnue, dit Kochly ; en géométrie, on s'arrêtait au théorème de Pythagore. »

La plupart des écoles latines, jusqu'en 1832, partagèrent, en Allemagne, les mêmes préventions et suivirent les mêmes errements ; cependant il ne faudrait pas croire que tous les esprits fussent imbus de ces préjugés. Un grand nombre de pédagogues eurent conscience du mouvement qui commença, dès le XVIIIᵉ siècle, à entraîner les sociétés vers les études pratiques, et essayèrent de favoriser la tendance d'une certaine opinion qui demandait une place dans les programmes pour l'enseignement des sciences utilitaires et la connaissance des langues vivantes.

Herbert disait en 1803 : « Les philologues ont beau retourner de toutes les façons le vieux sophisme des avantages de l'étude des langues anciennes pour la culture formelle de l'esprit, ce sont là des mots vides de sens qui ne convaincront jamais quiconque connaît les avantages bien supérieurs qu'offrent, sous ce rapport, d'autres branches d'études, et ne ferme pas les yeux pour voir qu'il y a dans le monde nombre de gens, et des plus considérables, qui ne sont nullement redevables aux écoles latines de leur culture intellectuelle [1]. »

Ces paroles n'exprimaient pas seulement une opinion personnelle ; elles constataient et approuvaient des théories, mises en pratique, depuis nombre d'années, par les philanthropes d'outre-Rhin.

Dès 1618, Ratich avait essayé de réformer les principes sur lesquels reposait le sys-

[1] V. Doct. Krumme, *op. cit.*

tème d'études en vigueur depuis le moyen âge.

L'école de Kœthen, que lui confia le prince d'Anhalt, fut le théâtre de ses luttes et de son triomphe. En 1642, Reyher rédigeait, à Gotha, son fameux *Schul-méthodus*, qui battait en brèche toutes les traditions pédagogiques. En 1695, le pasteur Francke fondait, dans la même ville, les Institutions de Halle, qui contenaient, outre un collège de latin, une école primaire supérieure. Enfin, au XVIIIe siècle, les philanthropes allemands, parmi lesquels figuraient, en première ligne, Basedow et Salzmann, jetaient, en 1774, à Dessau et à Schnepfenthal, les premières assises de ces fameuses écoles qu'on nous oppose, à nous catholiques, si souvent aujourd'hui. Le but qu'on se proposait dans ces institutions, avait été défini, en 1747, par le conseiller Hecker. Tout le système pédagogique consistait à faire reposer les connaissances sur l'étude des choses naturelles. On mettait sous les yeux des enfants des modèles d'objets usuels, des productions du sol ou de l'industrie. On accoutumait peu à peu les écoliers aux *réalités* de la vie pratique. De là le nom de *Reals-chulen* donné à ces institutions, écoles de *réalités* ou écoles *réelles*, ou encore écoles réales ou bour-geoises, parce qu'elles étaient destinées surtout aux enfants de la classe moyenne. Cependant, les établissements d'enseignement nouveau ren-contrèrent, à leur naissance, bien des opposi-tions.

La lutte fut ardente entre les partisans des études latines et les tenants du système qu'on cherchait à faire prévaloir. Les universités se cabrèrent : plusieurs écoles réales succombèrent sous les coups dirigés contre elles par les pro-fesseurs de l'ancien régime. Enfin, après plusieurs compromis, les novateurs obtinrent droit de vie pour leurs écoles. Le 6 octobre 1839, les écoles bourgeoises (Hohère Burgers-Chulen) étaient reconnues officiellement. Déjà l'instruction de 1832, en Prusse, portait que le certificat de maturité d'une école bourgeoise supérieure don-nerait droit au bénéfice du volontariat d'un an et à l'admission dans les administrations des postes, forêts et génie civil (baufach), ainsi que

dans l'administration provinciale. Cette sanction, donnée aux études des écoles moyennes,
était, sans doute, une victoire, et les partisans
du nouveau système devaient s'applaudir de
cette prise de possession. Mais, hélas! le succès
ne fut que passager. Les écoles latines reprirent
peu à peu le terrain qu'elles avaient abandonné
de force, et qu'elles ne désespéraient pas de
reconquérir en entier.

Le ministère Eichhorn vint à leur aide. Il exigea
des jeunes gens, suivant les cours des écoles
bourgeoises, une connaissance suffisante du
latin pour l'obtention du certificat de maturité.
Les écoles moyennes s'empressent, pour ne pas
mourir, de donner accueil au latin, mais elles
sont atteintes, de nouveau, par l'arrêté du
ministre du commerce qui leur enlève, en 1855,
le droit de préparation à cette branche d'enseignement pour en conférer le monopole aux
gymnases. Des protestations se soulevèrent de
tous côtés en Allemagne. La Chambre des députés
se fit l'écho de l'opinion publique, et le gouvernement revint sur cette décision. En 1859, les

écoles réales de premier rang durent introduire le latin dans leurs programmes et furent placées sur le même pied d'égalité que les gymnases. De nouvelles et importantes conquêtes furent assurées, en 1870, aux Realschulen. Quant aux écoles bourgeoises supérieures, sans latin, amoindries, déconsidérées, par le fait seul que leurs études n'avaient aucune sanction, elles ne tardèrent pas à diminuer.

Aujourd'hui, aucune des écoles visitées par nos inspecteurs français, en 1833, ne subsiste. Celles d'Elberfeld, de Cologne, d'Aix-la-Chapelle, de Dusseldorf, de Hanovre, ont été transformées en réalgymnases. Les privilèges attachés par l'État aux gymnases, aux réalgymnases (ou *real-schulen latines*), au détriment des écoles bourgeoises sans latin, ont été si nombreux et si importants, en Prusse, que les élèves fréquentant les gymnases étaient, en 1886, au nombre de 115,000, tandis que les écoles bourgeoises ne comptaient que 13,000 étudiants[1].

Ce système de favoritisme a-t-il servi la cause

[1] V. docteur Krumme, *op. cit.*

de l'enseignement en Allemagne ? On ne le croit
pas généralement aujourd'hui. De toutes parts
s'élèvent des plaintes contre un genre d'études
beaucoup trop étendu pour la masse des étudiants ; un grand nombre de jeunes gens sortent
des écoles latines sans avoir acquis un degré
de culture intellectuelle suffisant.

On réclame ouvertement en faveur des écoles
bourgeoises. On veut en établir de nouvelles.
Bon nombre d'hommes compétents parlent de
transformer, ici et là, les gymnases et les réalgymnases en écoles pratiques supérieures, sans
latin, pour y recevoir les élèves que l'on désigne
sous le nom de rebuts (der ballast).

Que résulte-t-il de ces simples aperçus ? C'est
que l'enseignement utilitaire n'a jamais été assis
sur des bases solides en Allemagne, et que les
études spéciales sans latin n'ont pas eu de partisans dans les familles, parce qu'elles étaient
dépourvues de sanctions suffisantes. On se
demande alors ce que nos inspecteurs sont
allés faire chez nos voisins. La raison du voyage
de MM. Cousin et Saint-Marc-Girardin n'eût été

explicable qu'à la condition seule que nous n'eussions pas eu, en France, un système et des plans d'études pratiques bien organisés.

Or, nos pédagogues ecclésiastiques du xviie et du xviiie siècles avaient élaboré d'excellents traités d'enseignement moyen. Mon but est de démontrer que le voyage de nos inspecteurs, en 1833, a été : 1° complètement inutile à la cause de l'enseignement spécial, puisque nous avons fini par adopter les méthodes et les programmes indiqués par le clergé du xviie et du xviiie siècles ; 2° qu'il a été de plus préjudiciable, pour trois raisons :

1° Parce qu'il a été cause des tâtonnements déplorables qui ont arrêté le nouveau système d'enseignement dans ses progrès ;

2° Parce que nos inspecteurs ont laissé de côté tout ce qu'il y avait de bon chez les Allemands ;

3° Parce qu'ils n'ont pris que ce qui était mauvais dans leurs systèmes.

Donc, pour résumer : Voyage *inutile*, voyage *préjudiciable*.

I

VOYAGE INUTILE.

Nous avons fini par adopter les méthodes et les programmes indiqués par le clergé du XVIIe et du XVIIIe siècles. Donc, le voyage de nos inspecteurs était inutile.

Pour composer un système d'études, le savant ou le spécialiste est obligé de suivre un procédé analogue à celui de l'architecte. Tout d'abord, l'homme d'art se pénètre de l'idée du but que ses clients se proposent ; puis, il imagine un plan d'ensemble qu'il réalise ; enfin, il entre plus avant dans le détail et s'ingénie dans l'aménagement des parties. Ainsi, le pédagogue. Tout d'abord, il doit se pénétrer de la pensée du but qu'il se propose, la définir nettement, puis tracer un plan, un système d'études général ; enfin, entrer dans le fini des nuances et des détails, c'est-à-dire composer un programme.

C'est ce que les universitaires ont été obligés de faire, et ce qu'ils ont fait pour l'enseignement secondaire spécial.

Or, il se trouve que le but, le plan, les programmes mêmes, adoptés par eux, avaient été indiqués, définis, élaborés, en dehors de l'Allemagne, par nos maîtres ecclésiastiques du XVII⁰ et du XVIII⁰ siècles.

1⁰ *Le but.* — Quel est l'objectif que l'on s'est proposé, en copiant, pour nos collèges d'enseignement moyen, le système d'études adopté par les écoles bourgeoises ? On voulait fonder des écoles pratiques pour la classe des laboureurs, des commerçants et des industriels. Or, quel est le but de l'éducation, selon Fleury ? Elle doit avoir pour résultat, de faire : « 1⁰ Des hommes honnêtes : 2⁰ des hommes utiles. » Des hommes utiles, car la véritable instruction consiste à faire l'apprentissage de la vie. « Vous devez apprendre, dit Fleury, aux jeunes gens *à devenir habiles hommes*, *suivant la profession que vous embrasserez*[1].

Voilà bien définie, suivant la remarque de M. Compayré lui-même, *l'éducation spéciale*

---

[1] Voir *Histoire critique des doctrines de l'éducation en France,* par M. G. Compayré, t. I, p. 375.

professionnelle, que gouvernent des raisons d'utilité pratique. »

2° *Le plan.* — Le plan consistait : 1° A substituer l'étude de la langue française à celle des langues mortes, comme mode de culture intellectuelle ; 2° à remplacer l'enseignement des mots par celui des réalités.

1° On sait quelles sont les théories de l'abbé Fleury et celles de ses disciples sur cette question de l'enseignement du latin dans les collèges. Je les rappelle en quelques mots :

« Les financiers, les gens d'épée, les marchands peuvent se passer de latin. » C'est par une étude approfondie de la langue maternelle que l'élève doit cultiver ses facultés intellectuelles et morales : « Le latin n'est pas nécessaire pour former l'intelligence. On n'a pas assez réfléchi que les Romains composaient en latin et non en grec [1]. »

Malherbe disait un jour qu'un bon poète n'était pas plus utile à la société qu'un joueur de quilles.

---

[1] *Traité du choix et de la méthode des études*, ch. XXIX.

C'est l'idée que se font du latiniste, l'abbé de Saint-Pierre, l'abbé Pluche et l'abbé Crouzat, qui prétendent que le français vaut mieux que les langues mortes « pour la culture formelle de l'esprit[1]. »

Sans doute, ces hommes remarquables ont été entraînés trop loin par leur zèle de réforme. Il y a bien des erreurs, bien des côtés faibles, dans leurs systèmes. Ainsi, pour ne relever que quelques-uns de leurs préjugés, on ne peut admettre avec Fleury « qu'il faille se guérir de l'erreur, que l'on puisse parfaitement apprendre à parler et à écrire une langue ancienne[2]. » Il est permis de ne pas partager le dédain qu'il affiche à l'égard du vers latin, dont le profit ne vaut pas la peine qu'il donne[3]. Mais à côté de ces ombres, que de lumières jetées sur ces grandes questions pédagogiques qui nous préoccupent aujourd'hui ! Si un des philanthropes de

[1] Crouzat, *Pensées libres sur les instructions publiques du bas-collège*, Amsterdam, 1737. L'abbé Pluche, *Spectacle de la nature*, Entretiens III, IV et V, sur l'éducation.

V. Goumy, *Étude sur la vie et les écrits de l'abbé de Saint-Pierre*, 1859.

[2] et [3] Fleury : *op. cit.* (ch. XXIX et XXXIII).

l'école de Rousseau ou de Voltaire avait écrit :
« Il est toujours très bon que les militaires
sachent l'allemand. Ils ne peuvent connaître
trop en détail le pays où ils doivent faire la
guerre, ni descendre dans une topographie trop
exacte [1] », on n'aurait pas assez de louanges à
lui décerner, et on ferait écrire ces paroles en
gros caractères sur les murs de toutes nos écoles
militaires.

2° On comprend que nos pédagogues contemporains aient attaché une importance capitale
aux démonstrations et aux expériences physiques dans le plan d'études qu'ils ont adopté pour
l'enseignement secondaire spécial. Dans une
éducation utilitaire, l'étude des mots doit, autant que possible, être remplacée par celle des
réalités. Nous allons voir ce que nos maîtres
ecclésiastiques ont pensé de ce mode d'enseignement par les yeux.

Quelques savants ont prétendu que Pestalozzi
et Basedow avaient, les premiers, introduit les
leçons de choses dans l'étude des connais-

____
[1] Fleury, *op. cit.*, ch. XL.

sances humaines, et inauguré l'enseignement des *réalités dans les écoles* [1]. C'est faux, les philanthropes allemands ont copié nos auteurs français. Au xviie siècle, Fénelon et Fleury; au xviiie siècle, l'abbé Coyer, avaient indiqué ce mode de pédagogie utilitaire. Fénelon écrivait, en 1687, dans son *Traité sur l'éducation des filles* : « La curiosité des enfants est un penchant de la nature qui va comme au-devant de l'instruction : ne manquez pas d'en profiter. Par exemple, à la campagne, ils voient un moulin, et ils veulent savoir ce que c'est ; il faut leur montrer comment se prépare l'aliment de l'homme ; ils aperçoivent des moissonneurs, il faut leur expliquer comment ils font, comment on sème le blé, et comment il se multiplie dans la terre. A la ville, ils voient plusieurs boutiques, où s'exercent plusieurs arts, et où l'on vend diverses marchandises ; il ne faut jamais être importuné de leurs demandes. Ce sont des ouvertures que la nature nous offre pour faciliter

---

[1] Voir *Annuaire de l'enseignement primaire*, année 1887, art. de M. Josl, p. 279, et la préface de l'*Histoire critique des doctrines de l'éducation*, par M. G. Compayré.

l'instruction. Témoignez-y prendre plaisir ; par là, vous enseignerez insensiblement *comment se font toutes les choses qui servent à l'homme, et sur lesquelles roule le commerce... Ces connaissances ne doivent être méprisées de personne*[1]. »

L'abbé Fleury s'empare, lui aussi, de cette idée : Qu'est-ce qui frappe tout d'abord l'attention des enfants? Le dedans d'une maison, ses diverses parties, les domestiques, les meubles et les ustensiles du ménage. Il n'y a qu'à suivre leur curiosité naturelle pour leur enseigner agréablement l'usage de toutes ces choses. » Le précepteur du Dauphin veut qu'on apprenne aux enfants comment se font « le pain, la toile, les étoffes, etc. » Il demande qu'on montre aux élèves de quelle manière s'y prennent, pour exercer leurs métiers, « les tailleurs, les tapissiers, les menuisiers, les charpentiers, les maçons et tous les ouvriers qui servent au bâtiment[2]. »

Plus tard, l'abbé Coyer place sous les yeux

---

[1] Fénelon, *Traité de l'éducation des filles*, ch. iii.
[2] L'abbé Fleury, *op. cit., De l'Économique.*

des enfants « des armoires, des tables, des bois de lit, des marteaux, des scies, des rabots, pour les initier à différents métiers [1]. » Il faut également que les maîtres enseignent à leurs élèves « l'anatomie extérieure du corps humain » ; qu'ils leur parlent des aliments, des vêtements, des ustensiles, des édifices. Voilà bien les leçons de choses, et l'enseignement des *réalités introduit dans les écoles*. Pourquoi célébrer alors, au détriment de nos pédagogues français, la sagacité des maîtres allemands, comme l'a fait M. Compayré dans la préface de ses *Études sur les doctrines de l'éducation en France*.

Les auteurs de nos programmes d'enseignement moyen ont eu soin de couper le temps des études et des classes, de façon à ne pas fatiguer l'attention des élèves. C'est le parti que conseillait Fleury aux éducateurs de son temps : « N'accablez pas l'esprit des enfants. Ils étudient plus volontiers, deux heures durant, quatre matières différentes qu'une seule pendant une heure[2]. »

[1] L'abbé Coyer, *Plan d'éducation publique*, p. 291.
[2] L'abbé Fleury, *op. cit.*, ch. xvi, *Méthode pour donner de l'attention.*

Mais entrons dans le vif de la question et indiquons les données générales des programmes actuels, nous allons les retrouver, à leur place, dans nos pédagogues ecclésiastiques.

3° *Les Programmes*. — Ils comprennent l'étude de la langue française et des auteurs classiques; celle des sciences morales, physiques et mathématiques, la connaissance des langues modernes, enfin le dessin, la musique et la gymnastique.

La Littérature. — Tout d'abord, il semble que les auteurs des programmes aient copié textuellement Fleury, pour la partie littéraire. On lit, en effet, dans le *Traité des études :* « que l'élève compose, *en français*, premièrement des narrations, des lettres ou autres pièces faciles ». Voilà le programme de première, de deuxième et de troisième années.

« Qu'il fasse ensuite *quelque éloge d'un grand homme, quelque lieu commun de morale*, mais solide, sans galimatias, sans pensées fausses [1].

Voilà le programme de quatrième, de cin-

----

[1] Fleury, *op. cit.*, ch. xxxiii, rhétorique.

quième et de sixième années. En sorte que, en lisant l'ouvrage du précepteur du Dauphin, on s'imaginerait volontiers avoir sous les yeux le rapport de M. Rabier, sauf le style, bien entendu, car il faut rendre à chacun ce qui lui appartient.

Je poursuis :

SCIENCES MORALES, PHYSIQUES, MATHÉMATIQUES ET NATURELLES

On a adopté l'économie politique dans les programmes.

Fleury, après avoir défini cette science, qu'il appelle : « L'art de connaître toutes les choses nécessaires à la vie, de savoir comment on se les procure, comment on en use, » veut que les élèves s'en pénètrent, « car les enfants ne vivront pas en l'air, ni parmi les astres ; ils *vivront sur la terre et dans le monde, tel qu'il est aujourd'hui.* » [1]

On impose aux élèves l'étude de la logique,

1 Fleury : *op. cit., De l'Économique.*

de la morale, de l'histoire naturelle, de la législation civile.

L'auteur du *Traité sur la méthode et le choix des études* admet, parmi les *connaissances nécessaires à tous: la morale, la logique, l'hygiène et la jurisprudence.*

On a voulu que les étudiants du nouveau système d'études aient des notions de toutes les sciences qui pourront leur être de quelque utilité. Fleury range, au nombre des connaissances utilitaires: *La physique, la cosmographie, l'anatomie.* » Il veut que « l'histoire et la géographie soient enseignées suivant la méthode » que les auteurs de nos programmes ont adoptée, « c'est-à-dire le *système critique et utilitaire* [1]. »

En résumé, tout est contenu dans l'ouvrage de l'abbé Fleury ; mais à supposer qu'il eût manqué quelque chose aux parties d'enseignement signalées par l'auteur du *Choix et de la méthode des études,* on l'eût retrouvé dans l'abbé de Saint-Pierre, dans l'abbé Crouzat et dans

[1] Selon M. Henri Martin, l'abbé Fleury n'a pas de rival au xvii° siècle pour la critique historique. V. M. Compayré, *op. cit.,* p. 382, t. I.

l'abbé Pluche, ses disciples ou ses émules.

Saint-Simon a dit de l'abbé de Saint-Pierre : « Il a de l'esprit, des lettres et des chimères. » Des chimères, sans doute, mais tout n'est pas illusion dans le « bon abbé ! » N'est-ce pas lui qui, commé le fait remarquer M. Compayré, a préludé par son « Bureau perpétuel [1] » à l'institution du ministère de l'Instruction publique, et inauguré le système qu'on a réalisé, par la création du Conseil supérieur de l'enseignement ? N'est-ce pas encore l'abbé de Saint-Pierre qui a le mieux démontré la nécessité de l'instruction professionnelle, et placé l'éducation civique à la tête de toutes les études et au-dessus de toutes les connaissances ? « Les écoliers, dit-il, sont grondés pour un solécisme et pour un barbarisme, et ils ne sont point repris pour une impolitesse et une indiscrétion. On les habitue à penser qu'il y a beaucoup plus de mal à faire une faute contre la grammaire, qu'il y en a à faire une injustice [2]. »

[1] M. Compayré. *op. cit.*, t. II, p. 14.
[2] *Œuvres*, t. I, p. 152 et seq.

Si l'on trouve que Fleury ne donne pas assez de place à l'étude de la mécanique et à celle de la géométrie, l'abbé de Saint-Pierre comble cette lacune. Il va même jusqu'à dire : « Mon avis est que l'on enseigne aux enfants, dans les huit ou neuf classes, quelque chose de tous les arts et de toutes les sciences [1]. » Voilà bien notre système du baccalauréat français, qui donne à un jeune homme de seize à dix-sept ans, comme une teinture de toutes les connaissances.

Langues vivantes. — L'abbé Fleury et l'abbé de Saint-Pierre semblent avoir fait une omission dans leurs programmes des connaissances utilitaires, c'est l'étude de la langue anglaise.

L'abbé Pluche va relever cette faute et la réparer. Après avoir réprouvé l'usage perpétuel du latin, « qui empêche un jeune homme de parler sa propre langue » et abandonné la connaissance des idiomes du Midi, l'auteur du *Spectacle de la Nature* signale à l'attention des maîtres l'*étude des langues du*

[1] *Œuvres*, t. I. Lire les exercices de la cinquième habitude.

Nord[1] et, en particulier, celle de l'anglais, qu'aucun auteur pédagogique n'avait recommandée avant lui.

Musique. — La musique est rangée par les auteurs des programmes d'enseignement spécial dans la catégorie des arts d'agrément. C'est la place qu'elle occupe dans le traité de l'abbé Fleury, qui l'appelle une « étude simplement curieuse ».

Dessin. — Quant au dessin, qui remplit nécessairement un rôle plus important que la musique dans l'enseignement moyen, il est placé, néanmoins, lui aussi, par le précepteur du Dauphin, au rang des « études curieuses ». Fleury ne pouvait prévoir l'importance que cette branche des connaissances prendrait à notre époque. En tout cas, on ne peut dire que nos pédagogues contemporains se soient inspirés des écoles moyennes d'Allemagne, où l'art du dessin ne brille pas avec éclat. Ils ont recueilli l'héritage des traditions que les frères de la Doctrine Chrétienne avaient introduites dans leurs écoles, et,

[1] *Spectacle de la nature.*

aussi, des théories que l'abbé Proyart, l'abbé Coyer et l'abbé Le More ont développées dans leurs écrits et qui constatent la place d'honneur que le clergé du xviii° siècle donnait, dans ses écoles, aux arts d'agréments, et surtout au dessin [1].

Gymnastique. — Pour la gymnastique, autour de laquelle nos novateurs modernes font tant de bruit, elle est loin d'atteindre le degré d'importance qu'elle occupait chez nos instituteurs du xvii° siècle et du xviii° siècles. Toutes les recommandations développées dans les considérants qui précèdent les 'plans d'études de nos programmes paraissent calqués sur le chapitre xxi° du *Traité de choix et de la méthode des études* de l'abbé Fleury, qui est consacré à cette question pédagogique.

L'auteur attache la plus grande importance aux exercices physiques. « Est-ce que les élèves n'ont que de l'esprit, dit-il, et point de corps ? Est-ce que le latin ou la philosophie du collège leur sont plus nécessaires que la santé ? »

---

[1] Lire le chapitre des *Arts d'agréments*. M. l'abbé Sicard, *op. cit.*, ch. ii, p. 328-336.

Tous les maîtres ecclésiastiques du xviiiᵉ siècle adoptent l'opinion de Fleury. L'abbé Coyer regarde la gymnastique comme extrêmement utile dans l'œuvre de l'éducation. L'abbé Auger, de son côté, ne cesse de célébrer les avantages pratiques de cet art. Son discours, prononcé à Rouen, en 1775, trahit ses prédilections et celles du clergé de cette époque dans les collèges. « Quelle différence, s'écrie-t-il, entre nous et les Romains, car j'y reviens volontiers, et je ne puis assez les prendre pour modèles[1]. »

On n'a donc rien innové dans cette question pédagogique des écoles d'enseignement moyen, puisque tout se retrouve dans nos maîtres ecclésiastiques : le but, le système, le plan, les programmes. Le voyage de MM. Cousin et Saint-Marc Girardin était, par conséquent, inutile, et je conclus, avec M. Hippeau :

« Longtemps avant l'organisation par la nation allemande de ce genre d'enseignement, la France en avait reconnu et proclamé la nécessité. Lorsqu'elle chargeait, en 1833, ses inspecteurs d'aller

----

[1] Auger, *Discours sur l'éducation*, p. 44.

visiter les écoles réelles de Prusse, de l'Autriche, de la Bavière et du Wurtemberg, elle *semblait avoir oublié que leurs fondateurs n'avaient fait que se conformer à des idées exprimées, souvent avec éloquence, par ses philosophes et ses penseurs* [1]. »

II

VOYAGE PRÉJUDICIABLE

Le voyage de nos inspecteurs en Allemagne a été préjudiciable de trois manières : 1° parce qu'il a été cause, en partie du moins, des tâtonnements déplorables qui ont arrêté les progrès des études nouvelles; 2° parce que nous avons laissé tout ce qui était bon ; 3° parce que nous avons pris tout ce qui était mauvais dans le système allemand.

1° Le voyage de nos inspecteurs a été cause des tâtonnements qui ont arrêté les progrès des études nouvelles. Donc, il a été préjudiciable

<hr>

[1] Hippeau, *op. cit.*, p. 147.

à la cause de l'enseignement secondaire spécial.

A-t-on voulu, en copiant les systèmes allemands, de préférence aux théories de nos maîtres français, montrer au clergé qu'on voulait et qu'on pouvait se passer de ses lumières! On s'est trompé singulièrement puisque, en fin de compte, nos méthodes et nos procédés ont prévalu. A-t-on eu peur de se charger d'une dette trop encombrante et ennuyeuse à avouer? On serait tenté de le croire, à n'envisager que l'esprit de parti auquel obéissaient les représentants de l'autorité, sous la Monarchie de Juillet [1]. En tout cas, cette prétention ou cette fantaisie a été chèrement achetée, car, pour arriver à des résultats pratiques, on s'est épuisé en cinquante années d'efforts stériles et en tâtonnements déplorables. Il m'est impossible de suivre tous les systèmes et tous les programmes qui se sont succédé en France, depuis 1833, jusqu'à nos jours, au milieu des évolutions de l'enseignement moyen. Je vais indiquer les transformations

[1] Voir le livre de M. Renan sur la *Part de l'État dans l'éducation... — Les petits séminaires tolérés...* etc., p. 4 et seq.

de nom que les études spéciales ont subies ; elles suffiront pour éclairer le lecteur qui comprendra facilement que, sous chaque dénomination, se cache un nouveau plan, un programme différent. En 1833, M. Guizot désignait les collèges d'enseignement moyen sous le nom d'écoles supérieures municipales. En 1844, ils portaient le nom d'écoles supérieures universitaires; c'était sous M. de Villemain. En 1847, M. de Salvandy adoptait la dénomination d'enseignement spécial. En 1848, ce nom n'existait déjà plus. Il était changé, par M. Carnot, en celui de collèges industriels. Vint M. de Parieu qui, en 1850, trouva le nom d'enseignement professionnel. En 1852, M. de Fourtoul inventait le nom de collèges scientifiques. On ne pouvait s'arrêter dans une si belle route. En 1862, M. Rouland dotait les écoles moyennes du nom de collèges français, qu'elles échangèrent définitivement, sous M. Duruy, pour celui de collèges ou lycées d'enseignement secondaire spécial [1]. C'était en 1865, or, depuis 1865 jusqu'en 1886, nous comptons encore trois

____

[1] M. Hippeau, *op. cit.*, p. 155.

plans d'études, trois programmes différents [1].
Aujourd'hui, du moins, le système d'enseignement moyen me paraît assis sur des bases solides, et s'il y a quelques modifications, elles
ne seront désormais qu'accidentelles.

Je le demande aux hommes de bonne foi, si,
tout d'abord, en 1833, on s'était mis, en France,
à l'étude des systèmes pédagogiques de Fleury,
n'aurait-on pas mieux travaillé? Ne serait-on pas
arrivé à des résultats pratiques beaucoup plus
rapidement? Les pédagogues du XIXe siècle cher-
chent leur voie pendant cinquante années, en
dehors de nos procédés, et ils finissent par les pro-
clamer, en fait, les meilleurs, et ils les adoptent!
Le voyage de MM. Cousin et Saint-Marc Girardin
a donc retardé une plus grande lumière, et, à ce
point de vue, il a été préjudiciable. Dira-t-on
que nos inspecteurs ignoraient les travaux de
leurs devanciers ? Ce serait faire tort à leur
science et à leurs talents. Ils n'ont rien ignoré,
mais ils ont eu peur. Je n'en veux pour preuve
que l'état d'abaissement dans lequel on cher-

1 Rapport de M. Rabier, p. 13.

chait à maintenir les collèges ecclésiastiques, à cette époque, et le rôle que M. Cousin a adopté, lui-même, à l'encontre de M. Thiers, au sein de la commission d'enseignement libre de 1850. Nos universitaires de 1833 ont mal servi la cause de l'enseignement moyen en introduisant en France des greffes qui n'ont servi qu'à développer un système de tâtonnements déplorables, jusqu'au jour où on a adopté franchement les procédés indiqués par nos instituteurs ecclésiastiques du xviie et du xviiie siècles. Donc le voyage de MM. Cousin et Saint-Marc Girardin a été préjudiciable à ce premier point de vue ; il a été également préjudiciable sous d'autres rapports.

2° Nos inspecteurs ont laissé, de connivence avec l'État, ce qu'il y avait de meilleur dans le système allemand.

Donc, ils ont mal servi la cause de l'enseignement spécial.

Les documents de M. Cousin nous montrent que l'instruction des classes moyennes était presque entièrement sous la dépendance des ministres des différents cultes, en Allemagne, et que la fondation des écoles spéciales était abandonnée à l'initiative privée [1]. En France, le contraire se passa : ·

1° Le clergé va être systématiquement écarté ;

2° La fondation des écoles moyennes, avec leurs plans d'études, seront exclusivement attribués à l'État.

3° Chose extraordinaire ! On s'en va à l'étranger, calquer des plans d'éducation sur des procédés analogues à ceux qu'on veut instituer et on ne copie que l'accessoire, le principal est abandonné. Pourquoi cette anomalie ? En Allemagne comme en Russie, en Suisse comme en Angleterre, la base de l'enseignement est demeurée la même, depuis les temps les plus reculés du moyen âge. Le clergé a un droit de surveillance qu'on n'a jamais songé à lui contester sérieusement. Ce droit, les auteurs païens le proclament hautement. J'en appelle au témoignage des classiques que l'on remet entre les mains des étudiants, dans

1 V. Rapport de M. Cousin au comte Montalivet, Paris 1833. V. *Revue internationale de l'enseignement*, art. du docteur Krumme. M. Hippeau, *op. cit.*

les classes de latin. Nos pères, les Gaulois, avaient
à ce sujet de nobles idées auxquelles César rend
hommage dans ses *Commentaires*.

Telle a été l'opinion de tous les peuples et de
la France, en particulier, jusqu'en 1791, époque
où Talleyrand a cru devoir adopter d'autres sen-
timents que l'Empire a sanctionnés, par la création de l'Université. Ce système d'ostracisme a-
t-il servi la cause de l'enseignement moyen ? Il
lui a été préjudiciable; je n'étonnerai personne,
en disant que la classe moyenne a été épouvan-
tée, à la suite de M. Thiers, du spectacle de la
Révolution de 1848[1]. Ce sentiment de crainte a
favorisé singulièrement les travaux de la commission d'enseignement libre de 1850. A partir de
cette époque, jusqu'à nos jours, les classes
moyennes de notre société française ne trouvant
pas que les collèges d'enseignement spécial, tenus par l'État, offrissent des garanties sérieuses,
pour l'avenir moral et religieux de leurs enfants,
les ont envoyés étudier dans les pensionnats des

---

[1] Voir journal *Le Matin*, art. de M. John Lémoine, jeudi,
26 janvier 1888.

Frères. Voici un fait que tout le monde peut constater et qui résulte des statistiques de l'enseignement, depuis les premières années du second Empire. Les classes de l'enseignement spécial ont été abandonnées par la majorité des Français, pour les classes de l'enseignement primaire supérieur, dont on a servi la cause, et je m'en applaudis, pour le bien de la Religion, puisque nos instituts de Frères ont profité si largement de cette méprise. Croyez-vous que si les programmes avaient été plus franchement religieux, si la part faite à l'aumonier, dans les lycées, avait été plus considérable, l'enseignement nouveau ne se fût pas développé dans des conditions meilleures? Pour ma part, je le crois, et je suis, sur ce sujet, en communauté d'idées avec des universitaires compétents.

Le rapport que M. Gréard a lu, dans la première séance du Conseil académique de l'année scolaire 1887-1888, confirme ma thèse, et je suis d'accord avec M. Francisque Sarcey, quand il dit, dans son article du 8 décembre 1887, que les familles tiennent « à l'enseignement religieux et qu'il ne comprend rien à ce système qui écarte des lycées l'influence de l'aumônier [1]. »

En refusant au clergé sa part d'action dans l'établissement des collèges et des programmes de l'enseignement spécial, on a donc servi la cause de l'enseignement primaire supérieur, au détriment des études moyennes, et on a eu tort de ne pas imiter l'Allemagne en ce premier point;

2º Notre seconde faute a été de ne pas laisser à l'initiative privée la responsabilité des fondations et des plans d'études de l'enseignement nouveau. Si nos pédagogues se sont imaginé pouvoir organiser l'enseignement spécial aussi facilement qu'ils avaient organisé l'enseignement classique, au commencement du siècle, les tristes expériences qu'ils ont faites leur ont donné un singulier démenti.

Pour fonder des établissements d'enseignement classique, il suffisait de copier les collèges qui fonctionnaient avant la Révolution. Les survivants de l'ancien état de choses n'avaient qu'à s'inspirer des pratiques mises en vigueur par

[1] *Le Gaulois*, 9 décembre 1887.

les jésuites, les oratoriens, les bénédictins et les autres congrégations religieuses. Ils profitaient, en somme, des expériences que l'initiative privée avait tentées dans les siècles précédents, et le terrain sur lequel ils bâtissaient était complètement déblayé, mais quelle différence avec l'établissement de l'enseignement nouveau! Ici, nous ne possédions que des théories et des systèmes que la pratique avait à peine eu le temps de sanctionner, avant la fin du dernier siècle. L'État suivit une voie différente de celle qu'avaient suivie nos pères, et que les Allemands avaient adoptée ; il se chargea des expériences, nous avons vu au prix de quels tâtonnements. Qu'en est-il résulté? Les dépenses du budget se sont augmentées de nouvelles charges, et l'État a assumé tout le ridicule dont se seraient couverts gratuitement quelques particuliers. Au moins, les sacrifices ont-ils servi à atteindre le but qu'on se proposait? Hélas! cette satisfaction a été enlevée à l'État! Depuis cinquante années environ que le nouvel enseignement fonctionne en France, sous la garantie du gouvernement, il ne compte, à vrai dire, que quatre collèges sérieux ; Chaptal, Turgot, Lavoisier et Colbert, dirigés par des professeurs de l'Université, tandis que l'Allemagne compte par centaines les établissements moyens organisés, par les soins de l'initiative privée, sur un pied qui nous met dans un rang bien inférieur à celui de nos voisins.

Ainsi, pour avoir voulu favoriser le monopole universitaire, l'Etat a gaspillé ses forces, ses revenus, s'est couvert de ridicule et n'a abouti qu'à des résultats médiocres, comparativement à ceux que l'on peut constater en Allemagne. Nous avons donc eu tort de ne pas imiter nos voisins là où ils pouvaient être imités.

3° Nos inspecteurs et l'État, de connivence avec eux, n'ont pris que ce qu'il y avait de mauvais chez les Allemands. Comme eux, ils n'ont pas accordé assez de privilèges aux études moyennes sans latin.

Donc, ils ont mal servi la cause de l'enseignement secondaire spécial.

Il s'agissait de fonder en France un système d'études parallèle à celui de l'enseignement classjque, mais en éliminant la connaissance du latin et du grec. On a vu précédemment quelles difficultés cet enseignement avait rencontrées chez nos voisins dès l'origine, à cause des faiblesses du gouvernement allemand, et aussi, à cause du manque de sanctions suffisantes pour les études nouvelles [1]. Nous allons commettre les mêmes fautes. Il fallait, tout d'abord, assurer aux procédés nouveaux des chances d'existence, ce que nos voisins n'avaient pas fait. Les collèges de latin s'étaient trouvés en concurrence [2] avec les écoles réelles et le gouvernement allemand, en favorisant les premiers, au détriment des autres, avait ruiné l'enseignement moyen sans latin. En France, tout d'abord, le même antagonisme se déclare, se poursuit et l'État se donne bien garde de trancher cette question délicate; au contraire, il semble qu'il s'applique à prendre des mesures pour ruiner les premières fondations qu'il vient d'asseoir.

[1] Voir l'article du docteur Krumme. Le *Système de sanctions et les écoles latines jusqu'en 1834*, op. cit., p. 316.
[2] Consulter les lectures pédagogiques de MM. Défodon et Guillaume.

« A l'origine, dit un auteur universitaire, les maîtres de l'enseignement spécial furent placés sur un pied tout à fait inférieur à celui de leurs collègues de l'enseignement classique ; un titulaire de l'enseignement spécial n'avait pas même le traitement d'un chargé de cours de l'enseignement classique..... Pourquoi ces deux ordres de maîtres, l'un inférieur à l'autre ?...

« Pourquoi, alors que l'enseignement classique achevait de recouvrer ses agrégations distinctes de philosophie, d'histoire, de lettres, de grammaire, de mathématiques et de sciences physiques et naturelles, cette agrégation encyclopédique de l'enseignement spécial, où tout se trouvait : les sciences et les lettres, la théorie et la pratique, la littérature et les mathématiques, la législation et la chimie, la morale et l'histoire naturelle [1] ? »

On décorait l'enseignement nouveau du titre d'enseignement secondaire, et on en confiait les chaires à des instituteurs primaires ! M. Saint-

[1] Quelques mots sur l'enseignement secondaire spécial. *Revue internationale de l'enseignement,* 15 avril 1886, p. 309.

Marc Girardin a dit quelque part : « Chez nous, tout le monde est démocrate, et personne ne veut être du peuple. » Rien de plus vrai. Jamais un chef de maison de commerce, un industriel, un maître d'exploitation agricole, ne consentiront à confier l'éducation de leurs enfants à un instituteur primaire. Pour eux, l'instituteur n'est qu'un maître d'école, chargé d'enseigner aux enfants de leurs subordonnés les éléments des connaissances humaines.

Jamais on ne fera accepter, comme règle ordinaire, que le fils de l'ouvrier s'asseye sur les mêmes bancs que le fils du patron. L'État l'a reconnu, mais trop tard. On aurait certainement pu éviter ces fautes, que je viens de signaler, en examinant plus sérieusement ce qui se passait à l'étranger.

Le tort le plus considérable qui ait été fait au développement de l'enseignement spécial est certainement le manque de sanctions suffisantes. Tout d'abord, aucun avantage, au moins appréciable, n'était attaché aux études nouvelles. Pendant des années, les Français se sont demandé à quoi servait le diplôme d'études ? On leur répondait : « à ouvrir les portes de certaines administrations ». Nombre de gens se récriaient dans la classe moyenne : « Mais je ne veux pas faire de mon fils un employé de l'État, un chef de bureau. » — On leur répondait : « Sans doute, mais le diplôme d'études exemptera vos enfants de l'examen du volontariat. » Le bel avantage, aurait dit Alceste, lorsque rien ne vient après lui ! Les hommes de la classe bourgeoise, en gens pratiques, trouvaient plus économique d'envoyer leurs fils étudier, six mois à l'avance, les matières de l'examen du volontariat chez quelque maître à cachet ; pendant longtemps ce fut beaucoup plus expéditif et beaucoup plus sûr. Enfin, des progrès ont été réalisés, sous ce rapport, grâce à l'initiative de la commission de 1882. Ces progrès n'étaient rien, en comparaison des avantages que la loi de 1886 vient de sanctionner. Désormais, l'enseignement secondaire spécial a sa place marquée à côté de l'enseignement classique, et ses titres à la recommandation des familles ne sont pas inférieurs à ceux des anciennes études.

Mais, pour arriver à prendre possession de ce terrain, que d'efforts dépensés en pure perte par l'État? Il était si simple de laisser les expériences aux risques des particuliers; ou, si l'on ne voulait pas accepter le concours de l'initiative privée, d'asseoir, du premier coup, l'enseignement nouveau sur des bases solides, en lui faisant une place plus large dans les bénéfices budgétaires et dans les faveurs accordées aux examens du baccalauréat ès sciences et ès lettres.

On a donc eu tort de deux manières :

Soit parce qu'on a mal copié l'étranger, soit parce qu'on n'a pas su profiter des essais de nos voisins et des fautes qu'ils ont commises sur le même terrain des écoles spéciales.

Comme conclusion générale, il suit de tout ce qui précède que non seulement le clergé a posé dès le XVIIe siècle les premières assises des études pratiques, et inventé l'enseignement que l'on décore, aujourd'hui, du nom de secondaire spécial, mais que l'État aurait dû l'accepter franchement de ses mains, plutôt que d'aller chercher ailleurs des greffes qui sont trop longtemps demeurées stériles.

En vérité, le spectacle qu'on nous donne à contempler est curieux. On ne fait rien qui vaille, sans nous et en dehors de nous, et on nous appelle des rétrogrades.

Je ne sais ce que M. Compayré entend par ce mot [1].

S'il veut faire comprendre que nous ne savons séparer la cause de l'éducation de celle de la Religion, oui, nous sommes des rétrogrades ; mais s'il veut dire que nous sommes des gens imbus de préjugés, ne comprenant rien aux saines études, sans méthode scientifique ; s'il prétend que nos instituteurs catholiques ne valent pas « les Pestalozzi et les Frœbel », nous lui demanderons d'apporter des témoignages à l'appui de ses assertions. Pour nous, nous continuerons de

[1] M. Compayré, Article sur la loi de 1886. *Annuaire de l'enseignement primaire*, p. 277.

défendre notre cause, qui est celle de la verité et de la justice.

On ne fait rien qui vaille, au moins dans la pratique, sans le clergé et en dehors du clergé. Cette vérité va encore ressortir davantage dans la suite.

CHAPITRE VII

ORGANISATION DE L'ENSEIGNEMENT SECONDAIRE SPÉCIAL EN ALLEMAGNE

De même que l'historique de la fondation de l'enseignement moyen, en Allemagne et en France, m'a permis de tirer de l'étude précédente quelques leçons pratiques, la critique de l'organisation de l'enseignement secondaire spécial, à l'étranger et dans notre pays, me fournira l'occasion de présenter à mes lecteurs des considérations qui m'ont semblé dignes de remarque.

Il est des âmes inquiètes qui s'imaginent volontiers qu'on nuit à l'enseignement classique, parce qu'on intéresse le public aux choses de l'enseignement spécial. Ce travail dissipera, je l'espère, leurs scrupules ou étouffera leurs préventions; Je les convaincrai qu'on peut servir la cause des études latines, tout en préconisant le système des études pratiques.

D'un autre côté, si le clergé, dans les siècles passés, a fourni les matériaux de l'enseignement moyen, le clergé actuel a été écarté de l'organisation de cet enseignement : j'ai cru qu'il serait instructif de suivre nos adversaires sur le terrain que nos illustres devanciers avaient défriché et d'où nous sommes bannis, nous, leurs héritiers naturels. En effet, je démontrerai que dans cette nouvelle question pédagogique, l'État a fait des fautes nombreuses et considérables, qu'il aurait facilement évitées s'il avait voulu, comme les Allemands, tenir compte des droits de la liberté d'enseignement, et ne pas réserver à l'Université un monopole trop absolu et presque illimité.

Nous avons vu précédemment quelles difficultés l'enseignement moyen, sans latin, avait rencontrées, dès sa naissance, chez nos voisins d'outre-Rhin, avec quel acharnement les Universités avaient poursuivi les écoles bourgeoises de leurs attaques incessantes, et, en définitive, comment elles étaient tombées, sous leurs coups, dans un état d'abaissement, dont elles ne se relèveront que très difficilement. Ce n'est donc pas dans les écoles réelles, sans latin, qu'il faut étudier la véritable organisation de l'enseignement moyen, en Allemagne ; mais, dans les Realschulen latines [1]. C'est sur elles que je concentre mon étude.

Les connaissances qui composent la richesse scientifique et littéraire d'une nation civilisée, se tiennent les unes les autres dans une dépendance étroite, depuis les assises les plus humbles de l'instruction élémentaire, jusqu'aux sommets les plus élevés de l'enseignement supérieur. Au risque de rompre l'harmonie, qui doit régner dans l'ensemble, le pédagogue est obligé d'assigner à chacune des parties, un rôle et des attributions spéciales. Vouloir étendre les privilèges de l'enseignement élémentaire, c'est porter atteinte aux droits des classes secondaires et

[1] En 1886, en Prusse, il y avait quatre-vingt-dix réalgymnases et soixante-dix-sept réalprogymnases, douze écoles réales supérieures, dix-sept écoles réales, tandis qu'il n'existait que dix-huit écoles bourgeoises supérieures sans latin. V. Doct. Krumme, *op. cit.*, p. 321.

causer, par là même, un préjudice à l'enseignement supérieur. Mais, c'est lorsque deux enseignements sont établis sur le même plan et se
recrutent dans le même milieu, comme dans les
études secondaires, classiques et spéciales, que
le pédagogue est obligé de veiller à ce que les
limites propres à chacun soient respectées.

En effet, deux grands intérêts sont en présence : celui des classes moyennes et celui des
classes lettrées ; le moindre froissement peut
exciter des compétitions dangereuses : et, cependant, les deux enseignements doivent se prêter
nécessairement un mutuel appui, comme un
fleuve, dont les eaux, confondues à l'origine, se
divisent en deux bras, se rapprochent ensuite,
se confondent de nouveau et se séparent encore,
afin de mieux féconder les vallées qu'il arrose.
Le pédagogue et le législateur ont à s'entendre
pour exécuter, de concert, sur ce terrain des
deux enseignements parallèles, une œuvre de
sagesse, également profitable à l'un et à l'autre.
Ce tempérament de juste milieu me paraît avoir
été compris par les Allemands. Si, d'un côté, ils

ont fait la part aux exigences des classes industrielles, agricoles et commerciales, ils ont respecté les prérogatives de l'enseignement classique, et sauvegardé les intérêts de la classe lettrée. J'entre immédiatement dans la discussion des témoignages.

Les Allemands ont servi la cause de l'enseignement moyen de trois manières :

1° En établissant, dans les collèges, des cours préparatoires aux deux enseignements secondaires;

2° En accordant aux examens des Realschulen, des sanctions, non seulement suffisantes, mais avantageuses;

3° En conservant, dans les Écoles moyennes des cours de latin, tout en faisant les études spéciales le plus utilitaires possible.

De ces trois manières également, ils ont servi les intérêts de l'enseignement classique, et fait, par là même, preuve de sagesse.

1° En établissant des cours préparatoires à un ordre d'études immédiatement supérieur, les Allemands ont servi la cause de l'enseignement moyen, et, par conséquent, sauvegardé les intérêts de l'enseignement classique.

L'enfant qui termine son instruction première, en Allemagne, n'entre pas, de plain-pied, dans l'enseignement classique ou moyen, comme cela se pratique en France. Grâce à une organisation pleine de sagesse, l'élève reçoit, pendant trois années, une instruction complémentaire, destinée à étendre les premières notions qu'il a reçues dans la famille ou à l'école, et propre à le familiariser avec les matières de l'enseignement immédiatement supérieur dans lequel il entrera [1]. Pendant ces trois années, désignées sous les noms de Sexta, de Quinta et de Quarta, dans les Realschulen, l'élève acquiert une notion plus réfléchie de sa langue maternelle, qu'il apprend à décomposer par l'étude des racines, par l'analyse des mots. Déjà, quelque peu maître de son idiome, grâce à une connaissance suffisante de la grammaire et de la syntaxe, il rend compte de ses pensées par des compositions littéraires

[1] Voir M. Hippeau : *Instruction publique en Allemagne*, p. 161. Consulter l'ouvrage de M. Koll, prof. au lycée Louis-le-Grand, sur les Realschulen en Prusse.

faciles, et entre même en possession des premiers éléments de la langue française et de la langue anglaise. Son trésor d'érudition scientifique s'enrichit également. Il se compose de nouvelles données arithmétiques, géométriques, zoologiques et botaniques. Ce laps de trois années est extrêmement profitable à l'élève. Il acquiert du sérieux et un commencement de maturité. Ses aptitudes, encore à peu près ignorées jusque-là, commencent à se dessiner.

Sans doute, il n'est pas encore définitivement fixé sur sa vocation ; mais ses préférences, apparentes déjà, permettent à ses guides naturels de le diriger suivant ses goûts, soit vers des études littéraires, et, alors, devenu homme, l'enfant embrassera une vocation libérale ; soit vers des études scientifiques et techniques, et, alors, il entrera dans les carrières administratives, industrielles, agricoles et commerciales, s'il ne se destine au métier des armes.

Évidemment, ce premier cycle d'études élémentaires et préparatoires à un ordre supérieur d'enseignement, a de grands avantages, puisqu'il permet aux élèves de se décider en faveur de tel ou tel système de connaissances qu'il leur plaira d'embrasser. Les Américains du Nord ont reconnu l'excellence de cette organisation première et l'ont adoptée pour leurs écoles graduées. Au sortir de l'école primaire, et avant d'entrer dans l'école supérieure, où se donnent l'enseignement moyen et l'enseignement classique, l'enfant est obligé de parcourir les années du cours de grammaire (grammary school), dont les programmes ne sont guère différents de ceux que les Allemands ont adoptés pour les classes dont nous venons de parler [1].

Cette première concession, faite à l'enseignement moyen, en Allemagne, par l'établissement de ce premier degré d'études, a déjà un résultat excellent, puisqu'elle débarrasse les abords de l'enseignement classique d'une multitude de sujets dont les goûts, purement positifs, s'accommoderaient mal d'un régime qui les assujettirait quotidiennement aux considérations purement

[1] Voir l'*Instruction publique aux États-Unis*, par M. Hippeau, p. 81-82.

spéculatives de l'ordre littéraire. En établissant ce système de classes préparatoires, qui reconnaît et sanctionne l'existence de l'enseignement spécial, les Allemands ont donc servi la cause des deux enseignements, classique et moyen.

2° Ils ont également bien mérité des deux causes en accordant d'importants privilèges aux examens des Realschulen latines.

Le premier cycle d'études, une fois franchi, l'enfant s'engage, soit dans les classes d'un Gymnase (lycée) ; et alors, son éducation est beaucoup plus littéraire que scientifique ; soit, dans celles d'une Realschule, et alors, son éducation est surtout technique et utilitaire.

Le second cycle des écoles moyennes latines se compose de trois degrés, c'est-à-dire de trois classes, durant chacune deux années. Ces classes reçoivent le nom de Tertia, de Secunda et de Prima. Des examens, dits de passage, ont lieu à la fin de chaque cours. Les élèves qui n'ont pas obtenu la note satisfaisante, sont obligés de passer une année encore dans la classe qu'ils occupaient précédemment. D'ailleurs, il faut le dire, les jeunes gens sont excités au travail par les avantages positifs que procurent les diplômes des examens, subis après chaque cours. Ainsi, l'élève, qui, au sortir de la Secunda, a été admis à suivre les classes de la Prima, peut, s'il le veut, interrompre ses études et entrer dans les bureaux de l'administration des mines, être admis à l'école vétérinaire royale, ou devenir greffier du tribunal civil ; de plus il est exempt de l'examen du volontariat. Mais ces avantages ne sont rien, en comparaison de ceux qu'on a attachés aux *abiturienten*, ou examens de sortie des Realschulen [1].

L'élève, muni du diplôme de sortie de la Prima, voit s'ouvrir devant lui les portes de la haute administration des mines ; il peut obtenir une place supérieure dans le service des postes, être admis à l'examen de géomètre arpenteur, entrer dans le corps des chasseurs à cheval, dans l'institut commercial, se faire jour dans l'administration civile des provinces, dans l'administration royale des forêts, dans celle des impôts indirects, dans

[1] V. M. Koll : *op. cit.*, et M. Hippeau, *op. cit.*, p. 169.

les bureaux de l'intendance, de la marine, de la guerre. S'il veut suivre la carrière militaire, il est admis à l'avancement et dispensé de l'examen d'enseigne, etc. Certes, voilà de précieuses faveurs et le jeune homme muni de son diplôme peut se féliciter, au sortir de la Realschule, du nombre et de l'importance des positions qui s'offrent de toutes parts à son ambition naissante. Il est amplement récompensé de ses efforts, et les sacrifices pécuniaires, quelque durs qu'ils aient paru à sa famille, ont porté des fruits, devant lesquels disparaissent toutes les amertumes du passé. Ces avantages positifs sont également favorables à la cause de l'enseignement classique [1].

Nous avons vu comment les abords des classes supérieures de latin sont débarrassés de la foule des étudiants, sans vocation réelle. Les faveurs accordées aux diplômes des examens de Realschulen enlèvent encore aux études classiques le contingent composé d'élèves qui ont hâte d'arriver à des positions lucratives, pour lesquelles

[1] Docteur Krumme : *op. cit.*, p. 321.

une connaissance approfondie de la langue latine n'est pas nécessaire.

Ainsi, grâce à ce système de sanctions importantes et nombreuses, capables, par là même, de satisfaire les goûts d'une multitude de jeunes gens, les cours de l'enseignement classique se sont encore épurés, si je puis ainsi parler. Le véritable élément littéraire, le noyau composé de jeunes gens, aspirant aux fonctions libérales ou désireux d'entrer dans les Universités, seul est demeuré [1]. Les Allemands, en servant la cause de l'enseignement moyen, de cette seconde manière, c'est-à-dire par l'établissement de sanctions multipliées et considérables, ont donc servi, en même temps et par là même, celle de l'enseignement classique.

3° Nos voisins d'outre-Rhin ont rendu l'enseignement moyen aussi pratique que possible; ils l'ont fait utilitaire dans toute l'acception du mot; cela ne les a pas empêchés de conserver une certaine connaissance du latin dans les Reals-

[2] Consulter l'article du docteur St. Un livre allemand sur les universités de l'Allemagne. *Revue internationale de l'enseignement*, 15 juin 1886, p. 829.

chulen, et cette concession a sauvegardé les intérêts des deux enseignements, réel et classique[1].

On s'accorde généralement aujourd'hui à reconnaître la puissance d'activité et d'énergie que les Allemands ont déployée depuis quelques années, pour développer leur industrie et étendre leur commerce. Les progrès réalisés sont immenses, les résultats inquiétants pour nous. La métallurgie, le tissage des laines et des soies emploient des millions de bras, non plus, comme au commencement du siècle, dans les régions riches en minerais et en houille, dans la Silésie et la Saxe, par exemple, mais dans l'Allemagne tout entière.

Le bassin de la Rühr renferme de nombreuses usines, qui se sont encore multipliées depuis l'organisation du Zollverein, qui a réuni en association commerciale tous les États de l'Empire. Les villes d'Essen, de Barnem, de Solingen, de Dusseldorf et de Cologne ; celles de Chemnitz, de Leipzig, de Breslau et de Leignitz possédaient, sans doute, des manufactures, il y a quelque

---

[1] Voir M. Koll, *op. cit.*, et M. Hippeau, *op. cit.*

quarante ans, et nous étions tentés, en France, de sourire de pitié, en voyant les produits qui en sortaient. Les choses ont changé d'aspect ; ces villes sont aujourd'hui rivales de Saint-Étienne et de Valenciennes. Dans toutes les géographies du monde, Berlin et Nuremberg ne comptent plus maintenant comme villes de seconde catégorie ; elles sont devenues des centres·industriels de premier ordre.

Grâce à l'énergie de trois mille sociétés et à la fondation de nombreuses fermes modèles, l'agriculture est entrée dans une voie de perfection pratique. Notre marché est débordé par les sucres allemands, et le commerce français accuse son impuissance pour réagir contre cet envahissement de l'étranger. Brême a doublé son activité; Hambourg dépasse actuellement, par son mouvement, les ports d'Anvers et de Marseille [1].

Évidemment, des progrès aussi considérables et aussi constants, depuis le milieu du siècle, vers la prospérité matérielle, ne se comprendraient

[1] V. *Géographie*, Arm. Colin.

pas, si l'instruction des classes moyennes n'était entrée, également, dans ce mouvement ascendant. Les associations urbaines ou privées ont construit, ici et là, de nombreuses écoles moyennes où les enfants reçoivent une instruction utilitaire, en rapport avec les besoins de la cité et du pays, où leur destinée les fixera. On le comprend facilement, les exigences de Hambourg ne sont pas celles de Leipzig ; les intérêts de Nuremberg ne sont pas ceux de Magdebourg. De même, en France, Nantes et Carcassonne n'ont pas les mêmes aspirations ; Bordeaux et Nancy ont des visées différentes. Il est donc naturel que l'instruction donnée, dans les centres industriels et commerciaux, aux jeunes gens de la classe moyenne, ait des ressources particulières, pour satisfaire à des besoins locaux.

Aussi, les Allemands ont-ils attaché plus ou moins d'importance à certaines branches de l'instruction des Realschulen, selon qu'elles étaient nécessaires ou simplement utiles au développement des intérêts du groupe industriel ou commercial qu'elles devaient servir.

Ainsi, pour ne citer que quelques exemples :
à Elberfeld, la Realschule possède des classes
de dessin professionnel ou technique plus per-
fectionnées que dans les autres établissements
de ce genre, parce que les dentelles, les siamoises,
les soieries rehaussées d'ornements que cette
ville confectionne, demandent des artistes spéciaux, versés dans l'art du dessin pratique. La
Realschule de Leipzig a étendu son enseignement
commercial pour favoriser les progrès que le
trafic de librairie a réalisés dans cette ville.
A Berlin, où les produits chimiques forment une
branche très développée de l'industrie, il fallait
des cours organisés pour répondre aux néces-
sités de cette fabrication spéciale. La plus vieille
des Realschulen de la capitale est devenue, par
ce fait seul, une véritable *gewerbeschule*, ou
école industrielle, connue aujourd'hui par ses
travaux de laboratoire. Ici, on cultive surtout la
calligraphie ; là, les principes du droit maritime ;
ailleurs, on s'attache au modelage ou au dessin
mécanique [1].

[1] V. M. Hippeau, *op. cit*, p. 171.

Ainsi, on peut le dire, autant de Realschulen, autant d'enseignements pratiques différents. Seulement, par une habileté qui profite aux études moyennes, aussi bien qu'aux études classiques, les Allemands ont conservé une certaine place dans les programmes spéciaux, à la connaissance de la langue latine, dans presque toutes leurs Realschulen.

L'élève qui sort de la Tertia doit posséder une connaissance de la grammaire latine élémentaire et avoir un vocabulaire suffisant pour comprendre les passages faciles des Commentaires de César. L'élève de la Prima peut traduire Virgile et Tite-Live [1]. Sans doute, le programme de l'enseignement du latin, dans les Realschulen, n'est pas chargé et à raison : les langues anciennes doivent céder le pas aux langues vivantes dans une instruction utilitaire. Mais, si faible qu'elle soit, cette concession, faite au latin, n'en procure pas moins des avantages incontestables, qui profitent aux deux enseignements secondaires. Grâce aux cours préparatoires, une sélection s'opère, nous

[1] V. M. Hippeau, *op. cit.*, et M. Koll, *op. cit.*

l'avons vu, dès le début. Les éléments scientifiques et littéraires, d'abord unis et mélangés, se séparent ; les deux courants de l'enseignement classique et de l'enseignement spécial s'établissent et coulent dans un lit qui leur est propre. Mais, quelque soin que l'on prenne pour dégager les abords d'un enseignement, il reste toujours des sujets égarés en dehors de leur voie, par suite d'une illusion de famille, ou faute de décision de la part de l'enfant. « Chaque poisson suit sa maille », dit le proverbe. Un magistrat désire que son fils embrasse la profession dont il s'honore lui-même, ou du moins, qu'il entre dans une carrière libérale ; un négociant rêve pour son enfant les avantages d'une riche clientèle, qu'il s'efforce de lui assurer pour l'avenir ; or, la nature a des caprices qui déjouent bien des calculs.

Voilà deux enfants placés, l'un dans l'enseignement moyen, l'autre dans l'enseignement classique, avec des goûts contradictoires. Ils ont courbé la tête sous la volonté paternelle ; enfin, l'âge des décisions personnelles arrive ; la vocation, un instant comprimée, reprend ses droits. L'enfant, devenu jeune homme, a parlé, le père se trouve en présence d'une solution contraire à ses vues. On se décide. Le lendemain du jour où la chose aura été arrêtée, le fils du magistrat quittera l'enseignement classique pour entrer dans l'enseignement moyen ; le fils du négociant abandonnera la Realschule pour le Gymnase. Le changement s'opère d'autant plus aisément, en Allemagne, que le même établissement réunit souvent les deux enseignements ; il est, à la fois, une Réale et un Gymnase, ou un Réalgymnase [1].

Le latin est le point situé entre deux rives opposées. Le fils du magistrat, passant dans les classes spéciales, est bientôt en mesure de suivre les cours pour lesquels ses aptitudes se sont dessinées. L'avance qu'il a prise sur ses camarades, en ce qui concerne l'étude du latin, lui donne les loisirs qui lui sont nécessaires pour se mettre à la hauteur et compléter son instruction utilitaire. Le fils du négociant, lui

[1] V. docteur Krumme, *op. cit.*, p. 321.

aussi, n'entre pas d'un bond dans l'inconnu. Déjà familiarisé avec la connaissance de la langue latine, il lui en coûte peu d'atteindre au niveau de ses condisciples dans l'étude des lit-tératures anciennes. La partie scientifique, plus développée chez lui que chez ses nouveaux camarades, lui forme comme une réserve sur laquelle il s'appuie pour combler les vides et gagner du terrain.

Ainsi, en conservant l'usage du latin dans la Realschule, les Allemands ont fini par épurer com-plètement les deux enseignements secondaires des éléments impropres. D'un côté, ils ont réussi à constituer un groupe excellent pour les études scientifiques et utilitaires ; de l'autre, ils sont arrivés à composer une aristocratie littéraire, dont les aspirations ne sont plus gênées par une roture encombrante [1].

L'étude du latin, conservée dans les Realschulen, rend un autre service, qu'il est important de signaler.

[1] En Prusse, les cinq sixièmes des abiturienten du gymnase entrent à l'Université ; la proportion pour les élèves du réalgym-nase est des deux cinquièmes. Doct. Krumme, *op. cit.*, p. 321.

Quoi qu'on fasse, il sera difficile de dépouiller l'enseignement classique du prestige que lui donne la langue latine. Un homme de la classe aisée, fût-il même dépourvu de sens littéraire, est flatté de voir son fils attelé à la rude besogne de traduire Tacite et en passe de devenir bachelier ès lettres. Assez souvent, le pauvre étudiant s'égare définitivement, après le quatrième ou cinquième échec, sur les traces d'Agricola et se perd, avec les légions de Varus, dans quelque vallée de la Germanie. N'importe, il a fait des classes de latin. Ce préjugé est de ceux qu'il faut respecter, car il a son fondement dans les plus nobles aspirations du cœur humain.

« Le pavillon couvre la marchandise, » dit le droit commercial. Le latin couvre aussi les classes de l'enseignement moyen, en Allemagne. Grâce à lui, l'enfant du magistrat, du notaire, de l'avocat, du propriétaire aisé, peut entrer, tête levée, dans une Realschule. Il ne cesse pas pour cela d'être du monde « des gens honnêtes », comme on disait au XVIIᵉ siècle. Il est et il demeure « de la société ». Ainsi, les Allemands, tout en faisant leur enseignement le plus utilitaire possible, ont sauvegardé, grâce au latin, les intérêts des études classiques et ceux des études pratiques. D'un autre coté, ils ont servi également les deux causes, en établissant des cours préparatoires, et en accordant de nombreuses et importantes sanctions aux examens des Realschulen. Ils ont donc bien mérité de la classe moyenne et de la classe lettrée ; ils ont fait preuve de sagesse. Ont-ils obtenu cependant d'excellents résultats pratiques ? C'est ce qui me reste à démontrer.

Je ne m'étendrai pas sur les parties d'études qui ont trait aux sciences physiques, mathématiques et naturelles. On peut croire ceux qui nous assurent que les Allemands nous valent sous ce rapport. Ainsi l'élève de la Tertia d'une Realschule de premier ordre doit posséder des principes mathématiques qui lui permettent de comprendre et d'exécuter d'une manière intelligente les constructions qui se présentent dans les industries d'un rang inférieur, c'est-à-dire l'arithmétique, l'algèbre et la géométrie plane [1].

Ses connaissances scientifiques peuvent le mettre en état de discuter avec son professeur sur les produits naturels et chimiques de la localité ou des environs. On comprend, dès lors, à quelle hauteur s'élève l'enseignement positif dans les classes supérieures. Mais, ces succès, quelque beaux qu'ils soient, ne sont rien en comparaison de l'éclat qui couronne les études philologiques.

Oui, des résultats acquis sont considérables dans l'un et l'autre enseignement secondaire. Ainsi, les élèves de la Prima d'un Gymnase peuvent, non seulement composer une dissertation *française*, mais développer, en latin, un sujet d'histoire, de morale et de littérature. L'usage du latin leur est tellement familier, qu'ils lisent, comme en courant (*lectio cursoria*), pendant les classes, de longs morceaux de Tacite, de Cicéron et de Tite-Live, qu'ils commentent ensuite dans cette langue, devant leur professeur, qui discourt avec eux. Les élèves de

[1] V. Koll, *op. cit.*

certains gymnases possèdent actuellement leurs auteurs classiques aussi bien que les étudiants les possédaient, en France, dans les collèges ecclésiastiques avant la Révolution. Chose remarquable, assurément, puisque les parties de langues modernes et de sciences sont plus développées à notre époque, que dans les siècles passés, et, encore, je ne parle pas de l'hébreu, qui est de rigueur pour les élèves en théologie. Quant aux jeunes gens qui suivent les cours de la Prima d'une Realschule latine, ils connaissent assez les langues étrangères pour nous donner, à ce sujet, matière à de sérieuses réflexions.

Voici le programme littéraire du cours supérieur d'une Realschule de Berlin, que j'emprunte à l'excellent ouvrage de M. Hippeau sur l'instruction en Allemagne [1].

Français. — Explication de morceaux choisis de la France littéraire. Les élèves rendent compte de leurs lectures, en *français,* et de vive voix; dictées, à traduire en langue *fran-*

---

[1] V. M. Hippeau, *op. cit.*, p. 169.

çaise, de morceaux allemands ou anglais, devoirs écrits en *français ;* traductions, descriptions, biographies, lettres. Histoire de la littérature française de Louis XIV.

Anglais. — Lecture de morceaux choisis ; analyse en *anglais* et, de vive voix, des morceaux lus. Dictées, à traduire en *anglais;* traduction en cette langue de passages littéraires *allemands* et *français.* — Devoirs écrits en *anglais,* consistant en lettres et en narrations historiques.

Si les mots parlent d'eux-mêmes, c'est bien ici, et je n'ai pas besoin d'ajouter de commentaires. Le reproche qu'on peut faire à ces études, c'est d'être trop étendues et trop relevées pour des jeunes gens de dix-huit à dix-neuf ans. Cependant il n'est pas probable que les Allemands consentent à retrancher quelque chose de leurs programmes.

Nous avons vu qu'il y avait, ici et là, des protestations soulevées en faveur de ceux qui ne peuvent suivre cette marche de l'enseignement ; mais le nom par lequel on désigne ces pauvres étudiants, *le rebut,* marque assez que les requêtes ne sont pas encore en voie d'aboutir à des résultats pratiques[1]. D'ailleurs, les Allemands tiennent à leur supériorité philologique et scientifique, et cette supériorité est due, en partie, à l'excellente organisation de l'enseignement.

Des résultats identiques ont été acquis aux États-Unis, grâce à un système d'études analogue. Là aussi, l'enseignement secondaire se divise en deux catégories, dans les High-Schools : l'une, comprenant les parties de notre enseignement spécial, mais avec l'étude du latin moins développé que dans nos séminaires et dans nos lycées ; l'autre, réalisant le programme de notre enseignement classique, mais avec une connaissance plus étendue des auteurs latins et grecs[2].

---

[1] La population des universités allemandes qui, en 1871, était en chiffre rond de 13.600, avait presque doublé en 1884-1885, où elle s'élevait au nombre de 26.500. Doct. Krumme, p. 321, *op. cit.* ; aujourd'hui, elle est de 25.945 : V. journal *L'Anjou,* samedi 11 février 1888.

[2] V. M. Hippeau, l'*Instruction publique aux États-Unis,* p. 82.

En France, nous avons cru devoir établir les bases de l'enseignement secondaire d'une façon différente; au lieu de copier les Realschulen, nous avons imité, de préférence, les écoles bourgeoises. Il me reste à démontrer si, en fait, nous avons eu raison.

CHAPITRE VIII

CRITIQUE DE L'ORGANISATION DE L'ENSEIGNEMENT SECONDAIRE SPÉCIAL EN FRANCE

L'organisation de l'enseignement secondaire spécial en France me paraît défectueuse à certains égards ; nous aurions dû adopter dans les programmes une connaissance sommaire de la langue latine. Cette omission a causé un préjudice considérable au développement de l'enseignement nouveau ; elle a été également nuisible à l'enseignement classique. En outre, nous n'avons pas rendu, comme les Allemands, ce système d'études assez utilitaire. Il ne me paraît pas suffisant pour le but que les organisateurs se sont proposé, qui est l'instruction de la classe moyenne.

Pour guider le lecteur dans la discussion de ces deux points, j'établis cette division :

1° Fautes qui, à la fois, ont porté atteinte à la cause des deux enseignements, classique et spécial ;

2° Fautes qui ont plus particulièrement pesé sur les études moyennes.

Je ferai suivre ces développements de quelques considérations qui me permettront d'établir que les errements signalés dans cette question pédagogique n'eussent pas existé, si la liberté d'enseignement avait été respectée dans tous ses droits et si on ne s'était pas proposé de faire pièce à l'Église.

I

Fautes qui ont, à la fois, porté atteinte à l'enseignement spécial et à l'enseignement secondaire classique.

Le premier tort des pédagogues français a été de ne pas établir des cours préparatoires aux deux enseignements, classique et spécial.

En France, il semble que les hauteurs de l'enseignement du latin soient accessibles à tous les enfants de la classe aisée. C'est une prise d'assaut, en quelque sorte, du Capitole, où chacun se précipite, et où tous les rangs, tous les titres sont confondus. En voyant passer tant de volontaires et si peu de vrais soldats, je crois entendre comme un écho de la harangue de du Bellay : « Là donc, Français, marchez courageusement vers cette superbe cité romaine, et, de ses dépouilles, ornez vos temples et vos autels. Ne craignez plus ces oies criardes, ce fier Manlius et ce traître Camille... Pillez-moi, sans conscience, les sacrés trésors de ce temple delphique. » Oui, c'est bien sans conscience qu'on accourt au pillage. Je ne parle pas des guerriers de race, mais de la foule des aventuriers. On connaît l'étonnement naïf du berger de Virgile. En arrivant à Rome, il croyait retrouver une ville semblable à celle où il avait coutume de conduire ses troupeaux. Certains enfants doivent éprouver un sentiment de ce genre, lorsqu'ils pénètrent dans ces magnificences de l'enseignement classique.

S'ils ne s'égarent au premier détour de cette cité splendide, ils se perdent définitivement avant la fin de leur voyage.

Tout le monde a connu quelques-uns de ces pauvres jeunes gens. On les rencontre dans les centres de quelque importance, frappant aux meilleures portes, pour solliciter un emploi lucratif. S'ils sont riches, le spectacle n'est pas moins attristant. A charge à eux-mêmes, ils font peser le poids de leur vie sur tous ceux qui les approchent. Cet inconvénient, de faire des déclassés, qui résulte de l'engouement des études classiques, n'est pas le seul. Cette multitude de sujets impropres retarde la marche et le progrès de l'enseignement. Comment une troupe de soldats d'élite, armés à la légère et disposés pour la course, ne souffrirait-elle pas d'une tactique maladroite, qui glisserait entre ses rangs des hommes inexpérimentés, chargés de lourdes cuirasses et d'encombrantes machines de guerre? Rien ne déconcerte un professeur comme la nécessité de revenir vingt fois sur des explications données, alors que les meilleurs élèves ne demandent qu'à se précipiter en avant. Ces accidents, que je signale, existeraient peut-être, mais leurs effets seraient moins multipliés et moins désastreux, si, avant d'entrer dans l'enseignement classique, les enfants avaient été placés comme dans un noviciat d'épreuves. En effet, chaque individu a des aptitudes spéciales. Il y a des âmes faites pour les aspirations de l'ordre spéculatif, d'autres, pour les réalités de la vie pratique. Encore y a-t-il des nuances, car la nature varie ses modèles à l'infini, aussi bien dans l'ordre intellectuel que dans l'ordre physique. Pourquoi vouloir renverser ses lois? Évidemment, tous les enfants de la classe aisée n'ont pas reçu du ciel ce goût des lettres antiques, nécessaire à celui qui se propose de poursuivre jusqu'à la fin ses études de latin : une triste expérience nous le démontre.

Il eût donc été sage d'établir, aux abords des deux enseignements, des cours préparatoires qui eussent permis de faire une sélection basée sur les dispositions natives de l'enfant. D'un côté, on aurait dirigé les intelligences ouvertes aux beautés littéraires ; de l'autre, les esprits organisés pour les affaires. De cette manière, la nature n'eût pas été violentée au détriment de l'avenir des jeunes gens ; et puis, on ne se fût pas trouvé en présence continuelle avec cette absurdité qui fait que des élèves, pourvus de qualités propres à l'enseignement spécial, suivent, pendant neuf années, les cours de l'enseignement classique, pour lequel ils n'ont aucun attrait ; tandis que des jeunes gens, munis de facultés convenables à l'enseignement classique, se perdent dans le dédale de l'enseignement spécial, qui répugne à leurs goûts. Sans doute, en établissant ces cours, on eût reculé de quelques années l'âge où l'enfant commence à apprendre ses déclinaisons. Le mal n'eût pas été si considérable. Bon nombre de gens compétents trouvent que c'est à tort qu'on impose à un enfant de dix ans la tâche ingrate de traduire, dans une langue qu'il n'entend pas encore, des expressions étrangères dont le sens lui échappe et qui ne sont pas rangées dans un ordre logique.

Pour fonder des cours préparatoires aux

deux enseignements secondaires, il eût fallu, de toute nécessité, adopter un certain usage de la langue latine dans les études nouvelles, usage restreint, sans doute, et, cependant suffisant pour les couvrir; mais nos pédagogues français ont refusé cette concession. C'est la seconde faute qu'ils ont commise, et cette faute a nui aux deux enseignements à la fois.

La connaissance du latin donne un prestige dont on a quelque souci. Même à notre époque, où les idées démocratiques ont semé des germes d'égalité et rapproché les distances, il y a une aristocratie des lettres qui se recrute surtout dans les classes supérieures de la société, mais dont les rangs sont également ouverts aux déshérités de la fortune, à l'enfant de l'ouvrier ou de l'homme qui travaille la terre pour se nourrir. Or, les quartiers de cette noblesse se constituent avec les parties de l'enseignement classique, plutôt qu'avec celles de l'enseignement utilitaire. Ils sont comme un apanage des études latines. Pourquoi vouloir priver de ce prestige une multitude de jeunes gens qui entrent dans les classes spéciales?

On peut être convaincu que la connaissance des langues anciennes n'est pas nécessaire pour la culture formelle de l'esprit. C'est l'opinion d'un grand nombre de pédagogues fort autorisés ; mais on n'empêchera jamais les Français cultivés de croire qu'un enseignement où l'étude du latin n'entre pas dans les programmes, est un enseignement découronné, le système d'études fût-il excellent, le corps des professeurs choisi, animé du meilleur zèle. Cette opinion s'est fait jour, dès le principe, et on a pu juger à quel ennemi on avait affaire, quand on a entendu le directeur de Sainte-Barbe dire : « Sur trois cents élèves que je comptais dans ma maison, je n'ai jamais pu en réunir plus de vingt dans la classe de commerce [1]. » « Chose digne de remarque, ajoute M. Cuvillier-Fleury, et, cependant, mes élèves se recrutaient, en majorité, dans le monde des industriels. »

Les parents pouvaient être persuadés de l'excellence des raisons de M. Cuvillier-Fleury ; mais ils avaient peur de voir leurs enfants en-

[1] V. M. Hippeau, *op. cit.*. p. 157.

trer dans un enseignement inférieur, selon eux, parce qu'il était dépourvu d'études latines, et, par là même, de considération. Cette crainte n'a cessé de produire ses effets, bien qu'on ait essayé de la combattre dans les sphères gouvernementales et, si elle a diminué depuis l'établissement des sanctions de 1886, qui ont attribué aux classes nouvelles une importance égale à celle qui est attachée à l'enseignement classique, elle n'en continue pas moins ses ravages. Le préjugé favorable au latin existera toujours, quoi qu'on fasse, et il empêchera toute une catégorie de jeunes gens appartenant à la société moyenne, d'entrer dans les cours d'une instruction qui serait cependant plus appropriée à leurs besoins.

L'absence totale du latin dans les études de l'enseignement spécial a donc nui à leur développement, mais elle a également porté atteinte aux progrès de l'enseignement ancien.

Nous avons constaté que les abords des collèges de latin, faute d'années préparatoires, sont envahis par une multitude de sujets sans vocation littéraire. C'est un mal, sans doute, mais il n'eût pas été irréparable si l'épuration avait pu se faire dans la suite. Hélas ! toute issue est fermée ; le latin n'étant pas admis dans les programmes de l'enseignement moyen, on a supprimé, par là même, le pont qui existe entre les deux rives opposées. L'élève est entré dans un labyrinthe ; s'il ne succombe, il faut qu'il en suive jusqu'au bout le défilé.

Un enfant est parvenu en quatrième ; on s'aperçoit alors qu'il a fait fausse route. Ses goûts, en contradiction avec les études grecques et latines, lui commandent de prendre une autre direction. Retirer l'élève du collège, pour le placer dans un enseignement parallèle, plus en rapport avec ses aptitudes, paraît une solution acceptable. Le passage se ferait tout naturellement en Allemagne; en France, il souffre de vraies difficultés ; car, quand bien même les parents n'éprouveraient aucune répugnance à faire descendre leurs fils dans une instruction découronnée, ils hésiteraient encore à les lancer au milieu d'études qui leur paraissent absolument étrangères à celles qu'ils avaient suivies jusqu'alors.

Aussi que se passe-t-il la plupart du temps ? Les élèves médiocres ou même insuffisants, qui ont commencé leurs cours de latin, les poursuivent jusqu'à la fin, à leur détriment, sans doute, mais aussi pour le plus grand mal des enfants qui se sont engagés avec eux dans la même classe.

Ainsi, pour n'avoir pas concédé une certaine place au latin dans les programmes de l'enseignement spécial, on a causé aux études nouvelles un véritable préjudice, en les privant d'un prestige nécessaire à leur développement, et on a fait tort, par là même, à l'enseignement classique, auquel on a refusé les moyens de se débarrasser des éléments impropres qui l'envahissent, par suite de manque de cours préparatoires.

II

Fautes qui ont plus particulièrement pesé sur les études moyennes.

Premièrement, les organisateurs de l'enseignement secondaire spécial n'ont pas accordé
de sanctions assez nombreuses pour satisfaire
aux besoins de la classe dans laquelle se recrute
l'immense majorité des élèves qui suivent les
cours de français.

Rien ne facilite plus la marche et le progrès
des études que les faveurs réelles qui leur sont
attachées. Nous avons vu quelle importance les
Allemands ont donnée aux Realschulen, en en-
tourant ces écoles d'avantages sans nombre et
sagement distribués, suivant que les élèves in-
terrompaient ou continuaient leur instruction
dans les classes de l'enseignement moyen. En
France, il me semble, du moins, l'État a manqué
de l'habileté nécessaire pour résoudre cette question pratique. Sans doute, les biens positifs, ga-
rantis aux études moyennes, dans notre pays,
sont immenses ; mais, pour les obtenir, il faut
que l'élève persévère jusqu'à la fin de ses cours.
Or, la grande majorité des jeunes gens qui
entrent dans un pensionnat de français, le
quittent en quatrième année ; quelques-uns y pro-

longent leur séjour jusqu'en cinquième année. Très peu atteignent le sommet de l'enseignement secondaire spécial, la sixième année.

Voilà un fait d'expérience que l'État peut constater dans tous ses collèges moyens, sinon à Paris, du moins en province ; c'est une conséquence de la crise industrielle, agricole et commerciale que nous subissons. Pourquoi ne pas avoir institué, comme nos voisins l'ont fait, de deux ans en deux ans, des examens, suivis de sanctions avantageuses et pratiques immédiatement ?

Le seul profit capable d'attirer un jeune homme qui achève son quatrième cours est de pouvoir aspirer au certificat de grammaire, pour l'examen de pharmacien de seconde classe. Il faut avouer que le législateur a manqué de générosité. Avec un peu plus de largeur de vue, il aurait ouvert la porte de certaines carrières lucratives. Il suffisait de choisir, soit parmi les emplois civils, dans les charges de notaire, d'huissier et de greffier, soit dans les fonctions administratives, au secrétariat d'une préfecture, d'une sous-préfecture ou d'une mairie ; soit, dans les grades inférieurs de l'armée de terre et de mer, pour l'admission à l'école de Saint-Maixent, de Saumur ou de Brest.

Ces faveurs que je signale, parmi tant d'autres qu'il me serait aussi facile d'énumérer, auraient été de nature, je ne crois pas qu'on puisse me démentir, à asseoir plus solidement les bases du nouveau système d'instruction. L'État a donc eu tort de les négliger.

La seconde faute commise par les organisateurs de l'enseignement secondaire spécial est plus grave encore.

Leur plan d'études ne me paraît pas suffisamment pratique pour un bon nombre d'enfants qui ne peuvent suivre que des cours français.

Sans doute, les programmes ont été brillamment conçus, savamment élaborés, comme je le disais dans un chapitre précédent ; mais on dirait qu'on s'est appliqué, surtout, à servir les intérêts des grands établissements utilitaires de la capitale. Les élèves qui fréquentent les cours de ces lycées appartiennent, en général, à l'aristocratie commerciale et industrielle : les autres sont des boursiers. Pour ces jeunes gens, il n'est aucune nécessité qui les force d'interrompre leurs études. Leur place n'est pas si nécessaire dans les affaires qu'on ne puisse se passer de leurs services.

L'organisation du nouveau système d'instruction répond parfaitement à leurs besoins, elle est excellente, sous tous les rapports. En province, les enfants dont les parents occupent une haute situation agricole, industrielle ou commerciale, suivent les cours de l'enseignement classique.

Les élèves de l'enseignement spécial se recrutent surtout dans la partie la moins riche de la société moyenne. Un père qui est à la tête d'un établissement de troisième ou de quatrième ordre, quelquefois même plus humble encore, un colon, un propriétaire fermier souffre de l'absence de son fils ; il a hâte de le retirer de pension. Ce n'est pas seulement une question d'économie, mais un intérêt de premier ordre qui est souvent en jeu. Il eût été sage d'établir sur le parcours de l'enseignement utilitaire, comme des sorties habilement ménagées, pour les enfants que la nécessité rappelle au foyer domestique.

En Amérique, aussi bien qu'en Allemagne, chaque cours se compose d'un trésor de connaissances immédiatement applicables, et formant un tout complet, en sorte que l'élève quitte toujours le collège suffisamment préparé, pour réussir, sur-le-champ, dans la position qu'il va occuper.

En France, les matières dont se composent les études moyennes, s'enchaînent, au moins à partir de la deuxième année, semblables à des anneaux indissolublement attachés les uns aux autres. Il faut, comme dans les classes de l'enseignement classique, que l'élève poursuive son travail de formation jusqu'au bout, au risque de ne posséder que des ébauches. Or, comme c'est la grande majorité des élèves qui demeure en chemin, il s'en suit, comme je le disais, que les études spéciales, qui sont excellentes pour ceux qui complètent leurs classes de français, ne sont pas absolument pratiques, au moins pour un bon nombre.

Cet inconvénient, sans doute, est sérieux, mais il trouve son remède dans le zèle et l'habileté que le professeur peut déployer pour suppléer à l'insuffisance du programme.

Le plus considérable, peut-être, est celui qui contraint tous les Français de la classe moyenne à passer dans la filière d'un enseignement unique. A qui fera-t-on entendre que le fils d'un négociant de Rouen, par exemple, doive recevoir une instruction absolument identique à celle qui façonnera l'enfant d'un laboureur propriétaire de la Beauce, lorsque l'un et l'autre, continuant l'œuvre de leurs pères, suivront une carrière dont les occupations sont complètement distinctes ? Le jeune homme qui se dispose à entrer dans un établissement de métallurgie et celui qui songe à faire de la viticulture parcourent les phases d'un même enseignement, et subissent la même préparation ; n'est-ce pas contradictoire ?

Il me semble naturel d'ouvrir dans les classes spéciales, établies à Bordeaux, à Marseille et au Havre, des cours de géographie commerciale et de droit maritime plus développés qu'à Chartres ou à Blois. Il me paraît également sage de donner plus d'importance à la chimie organique et aux assollements à Angers qu'à Valenciennes et à Toulon. Nous avons vu précédemment combien les industries locales avaient profité, en Allemagne, de ce système qui varie l'instruction des Realschulen, suivant les exigences des contrées dont ces établissements servent les intérêts. C'était une expérience dont nous devions profiter.

Sans doute, il y a bien, comme le constate le rapport de 1865, ici et là « des écoles professionnelles, destinées à des besoins de ce genre [1] », mais elles ne sont ni assez multipliées, ni assez accessibles à la plupart des enfants de la classe moyenne. D'ailleurs ces écoles sont très répandues chez nos voisins d'outre-Rhin, et cela ne les a pas empêchés de rendre leur instruction spéciale, utilitaire dans toute l'acception du mot. Ce qu'il fallait établir en France, puisqu'on voulait favoriser la société dans laquelle se recru-

[1] *Revue intern. de l'enseignement*, 15 avril 1886, p. 310.

tent les agriculteurs, les industriels et les commerçants aisés, c'était un enseignement conforme aux besoins du plus grand nombre, une instruction immédiatement pratique, et variant suivant les localités, car si le programme est excellent dans son ensemble, il gagnerait encore à se plier aux exigences de certaines contrées et à se conformer à des besoins locaux. Un plan d'études, si parfait qu'il soit, a toujours plus d'avantages, surtout quand il est utilitaire, à ne pas demeurer dans les généralités.

Ainsi, pour n'avoir pas concédé à l'enseignement nouveau des sanctions assez nombreuses, et n'avoir pas rendu l'instruction moyenne immédiatement applicable à tous ses degrés, et surtout assez pratique, l'État n'a réussi complètement dans le but qu'il s'était proposé qu'à Paris et dans les centres de quelque importance; ailleurs, l'œuvre est demeurée insuffisante.

Il importe maintenant d'exposer les motifs qui ont engagé l'État dans cette voie malheureuse, et d'assigner aux fautes commises leurs véritables causes.

Voici, selon moi, la raison des errements que je viens de signaler, premièrement en ce qui concerne plus particulièrement l'organisme du nouveau système d'instruction.

Si le programme général ne s'est pas plié, dans ses applications, aux besoins des localités, c'est que l'État a voulu établir, parallèlement à l'enseignement classique, un enseignement secondaire français, qui, comme le premier, restât uniforme dans son plan et dans son système. Cet inconvénient n'eût certes pas existé, si le législateur ne se fût pas autorisé de la crainte que le clergé inspire, pour imposer des entraves à la liberté d'enseignement. Il a toujours été dans l'esprit de l'Église de varier son mode d'instruction, suivant les lieux et les circonstances, pour servir les intérêts de la société. Il suffit, pour le constater, de jeter un regard sur le passé, dans l'histoire des écoles d'Occident, au moyen âge, et de nos jours, d'interroger les annales religieuses. Ces témoignages sont éclatants ; d'ailleurs, nous avons, pour achever de convaincre ceux qui hésiteraient à nous croire, l'autorité de M. Gréard lui-même. Ce savant, dont la haute compétence pédagogique fait honneur à l'Université, a dit, dernièrement, dans son discours de réception à l'Académie française : « C'est aux établissements particuliers à frayer les routes nouvelles. » Sans doute, c'était au clergé, le représentant le plus autorisé de l'instruction libre, d'ouvrir des débouchés à l'enseignement nouveau, et de faire, ici et là, des essais pratiques ; et on peut croire qu'il n'eût pas manqué à sa tâche. Jusque-là, M. Gréard est dans le vrai ; mais il se trompe, quand il nous refuse, à nous et à nos institutions, le droit de constituer des jurys libres, de créer des programmes et des plans d'études qui nous soient propres, et d'établir des sanctions, de concert avec le gouvernement. C'est une inconséquence qu'on ne s'explique pas.

Quand bien même le clergé se fût risqué à ouvrir, dans des pensionnats de français, en dehors du système universitaire, à Roubaix, par exemple, des cours de comptabilité, pour répondre aux exigences industrielles de cette ville ;

à Bourges, des laboratoires de chimie agricole, pour satisfaire aux demandes des laboureurs de la région, peut-on croire qu'il eût réussi ? Assurément non, puisque les spécialistes qu'il se fût appliqué à former, n'auraient été, en sortant de leurs classes, munis d'aucun diplôme officiel.

En nous refusant le bénéfice d'une marque de fabrique, qui pût être acceptée aux abords des professions ouvertes aux hommes de la classe moyenne, et reconnue par le gouvernement, on nous a empêchés d'ouvrir ces horizons nouveaux dont parle M. Gréard. Aussi, l'enseignement secondaire spécial est-il demeuré définitivement entre les mains de l'État, qui, contrairement aux vrais intérêts des populations, a imposé à tous les jeunes gens de la classe moyenne, quels qu'ils fussent, un programme uniforme, avec un jury unique et un seul mode d'examen : soit pour éviter des froissements entre les différentes académies ; soit, pour simplifier le système de concentration ; soit, afin de faire brèche, plus tard, à l'enseignement classique, en établissant l'ensei-

gnement secondaire spécial sur des bases identiques à ce dernier.

Nous allons maintenant indiquer les raisons
qui ont pu amener les organisateurs du nouveau
système d'études à ne pas introduire un certain
usage de la langue latine dans les classes
moyennes. Ceci touche aux fautes qui ont, à la
fois, porté sur les deux enseignements, classique
et spécial.

Autant la connaissance de la langue latine et
de ses chefs-d'œuvre était en honneur dans la
génération qui commence à disparaître aujour-
d'hui, autant il semble qu'elle soit discréditée à
l'heure actuelle. Le vers latin a été banni des
études, la dissertation latine a subi le même sort.
Virgile, Horace et Cicéron ne sont plus goûtés
comme autrefois des élèves de seconde et de
rhétorique. On les lit encore, mais on ne les
possède plus. Évidemment, il y a des raisons qui
expliquent cet abandon partiel d'une langue qui
a si magnifiquement servi la cause des lettres
françaises. Les sciences physiques et mathématiques ont forcé les anciennes limites ; de concert

avec l'allemand et l'anglais, elles ont envahi les cours de l'enseignement classique, pour déposséder les littératures anciennes du terrain qu'elles conservaient depuis des siècles. Cependant, il est d'autres motifs, qui, sans être avoués, ont servi à démoder les littératures grecques et latines. Malgré les efforts d'un grand nombre de membres de l'Université, pour maintenir les vieilles traditions classiques, il est facile de constater les progrès de l'opinion qui tend à les affaiblir.

Oui, il y a dans certaines régions gouvernementales, un clan composé d'hommes puissants, qui demandent à remplacer l'enseignement du latin par celui du français et des langues modernes. Ces novateurs mettent, sans doute, en avant des motifs tirés du bien général, pour asseoir leur système sur des bases raisonnables aux yeux du public ; mais leur intention n'en est pas moins manifeste. Ils veulent discréditer la Religion ; car le latin a un tort immense à leurs yeux : il est la langue de l'Église. Grâce au latin et à l'enseignement des chefs-d'œuvre qu'il a enfantés, le clergé est toujours grand.

Malgré les coups qu'on lui a portés, il continue de tenir entre ses mains le flambeau d'une civilisation, que les ennemis de l'ordre social voudraient éteindre. Faut-il s'étonner alors que les organisateurs du nouveau système d'études n'aient pas introduit cette langue dans leurs programmes ? On en donne les raisons dans les considérants qui ont précédé les projets de lois relatifs à l'établissement de l'enseignement secondaire spécial ; mais je crains bien que la véritable ne soit précisément celle que je viens de citer, et que, malgré la bonne volonté de M. Duruy, on ait créé deux enseignements rivaux, au lieu de deux enseignements parallèles.

Quoi qu'il en soit, faute d'avoir favorisé la liberté d'instruction, en permettant aux établissements privés de fonder des cours spéciaux, pourvus de sanctions et de programmes, variant suivant les besoins accidentels de la classe moyenne de province, l'enseignement secondaire spécial n'a obtenu un plein succès dans les études qu'à Paris et dans les principaux centres ; ailleurs, il demeure comme effleuré.

Quant à l'enseignement classique, qu'on a laissé envahir par une multitude de sujets impropres, pour n'avoir pas organisé un noviciat préparatoire et ménagé ensuite des déversoirs naturels, il est resté encombré par une roture dont se plaignent hautement les maîtres de l'Université, correcteurs des épreuves du baccalauréat ès lettres. Il faut lire, à ce sujet, les doléances de M. Gréard, dans ses derniers rapports. Un grand nombre d'élèves de rhétorique peuvent à peine traduire, d'une manière complètement satisfaisante, une version de quatrième. La plupart des *Revues* sur l'enseignement constatent « l'insuffisance des connaissances des bacheliers ès let-« tres ». « Le mal est assez grand, dit M. Jules « Tannery, pour qu'on lui cherche des remèdes. » « En effet, les deux baccalauréats classiques ne sont plus regardés par personne comme des examens d'entrée dans les Facultés : ils constatent à peine que l'on sort d'un établissement d'enseignement secondaire [1]. » De fait, la faiblesse des

---

[1] *Le baccalauréat ès sciences mathématiques*, par M. Jules Tannery, *Revue internationale de l'enseignement*, p. 519.

études latines est telle qu'un élève, pourvu du diplôme de bachelier français, est prêt à subir, en moins de deux ans, les épreuves de la version donnée au baccalauréat ès sciences. Après trois années d'études de latin, habilement conduites, il peut devenir bachelier ès lettres.

Ainsi, comme conclusion de cette troisième partie, on a voulu enlever au clergé l'honneur d'avoir inventé l'enseignement secondaire spécial, et, en fin de compte, on a adopté son plan d'études et ses programmes ; on a prétendu pouvoir également se passer de nos services dans l'application de cet enseignement, et il en est résulté un grand détriment, soit pour le succès pratique des études nouvelles, soit même pour le progrès de l'instruction classique.

En attribuant aux maux dont souffrent les deux enseignements, les causes que je viens de signaler et qui touchent aux questions que je traite, je n'ai pas eu la prétention de les énumérer toutes ; il me semble que les principales viennent des restrictions apportées à la liberté, puisque partout où la liberté fleurit, les études sont prospères. Combattre pour sauvegarder nos prérogatives, c'est donc lutter en faveur du bien général.

M. John Lemoinne, dans un article écrit sur M. de Falloux et sur M. Thiers, au lendemain de la réception de M. Gréard, prétend que toutes les fois que les catholiques s'arment pour la défense de leurs droits, ils sont poussés en avant par l'esprit de parti et il constate avec un certain déplaisir que « les vieilles haines théologiques, les plus implacables de toutes, sont aussi vivantes ». « Louis Veuillot est mort, » dit-il, « mais son esprit lui survit [1]. » A Dieu ne plaise, en effet, que l'arme tombe de nos mains, parce que tel ou tel de nos brillants défenseurs aura disparu. Nous avons affaire à forte partie, nous le savons ; mais nous possédons encore des chefs qui ne le cèdent point à leurs devanciers par le talent et par le courage. Un des plus accrédités a prononcé cette parole, qui est devenue la devise des catholiques d'aujourd'hui :

[1] *Le Matin*, 26 janv. 1888.

« Dieu ne nous a pas ordonné de vaincre, mais de combattre. »

C'est pourquoi j'ai cru bon de transporter la lutte du terrain de l'instruction sur celui de l'éducation, où le clergé est également attaqué ; d'ailleurs la question que je vais étudier est essentiellement pratique ; à ce titre, elle mérite d'être traitée dans un ouvrage dont le but final est de servir les intérêts des familles.

CHAPITRE IX

DE L'INTERNAT EN GÉNÉRAL

Le dessein que je m'étais proposé en composant un ouvrage sur l'enseignement secondaire spécial, était de servir la cause de la société moyenne. Je désirais montrer aux familles tout le parti qu'elles peuvent tirer des études nouvelles, pour l'instruction et l'avenir matériel de leurs enfants. Il m'a semblé que l'avenir moral et l'éducation devaient également entrer en ligne de compte dans le plan que je m'étais tracé, car le travail de culture intellectuelle a un complément nécessaire dans l'œuvre de la formation des mœurs et du caractère. Je suis donc amené par une déduction logique à traiter de la question de l'internat pour les enfants de la classe en faveur de laquelle j'écris.

Je serais heureux de pouvoir rendre de nouveaux services aux parents qui honorent les établissements religieux de leur confiance. C'est le seul but que je poursuis dans ma première étude. Elle aura pour titre : *De l'Internat en général*.

En outre, comme le clergé est attaqué sur ce terrain de l'éducation, je suis naturellement conduit à exposer les théories de nos adversaires, pour les renverser d'abord, et faire valoir ensuite nos avantages sous le rapport de la formation morale à donner aux jeunes gens. Telle est la matière d'une seconde étude sur *l'Internat en particulier*, qui comprendra deux thèses : l'une, sur l'internat de l'État, l'autre, sur l'internat ecclésiastique.

Danton a dit, au cours de la discussion sur la loi du 29 frimaire an XI : « Les enfants appartiennent à la République avant d'appartenir à leurs parents... Voilà pourquoi la liberté que nous permettons au père et à la mère ne va pas jusqu'à les laisser maîtres de les élever autrement qu'à notre gré. » Cette opinion a été adoptée par M. Gambetta, qui l'a défendue dans ses harangues de la Ferté-sous-Jouarre, de Belleville et de Romans. Il me suffit de citer ce passage du discours de la Ferté : « La République, sous peine de n'être qu'un mensonge, nous donnera d'abord une éducation *véritablement nationale, c'est-à-dire imposée à tous.* » M. Jules Ferry s'est fait le promoteur et le champion des théories du maître, à Épinal et à la tribune de la Chambre des députés. M. Spuller les a résumées dans cet axiome demeuré célèbre : *L'État doit façonner la jeunesse par des lois conformes au principe de sa propre durée*[1].

Ce système est faux. Il est inutile de le prouver. Les conséquences en seraient désastreuses pour la famille et pour la société. Ce que je veux faire ressortir, c'est qu'il est pratiquement impossible. L'État ne peut donner l'éducation. En effet, pour élever des enfants, il faut, entre autres conditions, une doctrine morale. Or, l'État n'en a pas, puisqu'il n'est ni catholique, ni protestant, ni israélite, ni déiste, ni spiritualiste, ni

---

[1] Voir le discours prononcé le 30 juin 1879, *Journal officiel.*

matérialiste ; il est libre penseur, et la libre pensée n'est pas une doctrine.

Voilà les éléments de ma première thèse sur les internats de l'État.

J'ajouterai que les établissements ecclésiastiques me paraissent fournir les conditions requises pour l'œuvre de l'éducation.

Cette pensée développée me procurera les matériaux de ma seconde thèse sur les internats religieux.

Enfin, comme conclusion à tout ce travail, je dirai que les catholiques se doivent à eux-mêmes, dans l'intérêt de la religion et de la patrie, de protéger les collèges et les pensionnats de l'enseignement secondaire spécial, qui appartiennent au clergé et aux congrégations.

DE L'INTERNAT EN GÉNÉRAL

« En 1510, un pauvre enfant de huit ans, couvert d'un sarrau de toile grise, la mine allongée par la faim [1], » faisait son entrée à Paris, et tom-

---

[1] Masson, *Les enfants célèbres.*

bait, comme un oiseau échappé pour la première
fois de son nid, au milieu d'une bande d'écoliers
qui jouaient dans le quartier des Écoles. Pierre
La Ramée, c'était le nom du petit voyageur, fut
bientôt accablé de questions auxquelles succé-
dèrent, sans doute, de douloureuses gourmades.
« Cet âge est sans pitié, » a dit La Fontaine. Le
pauvre Ramus, on le connaît plus particulièrement sous ce pseudonyme, venait de parcourir,
en demandant son pain, la distance qui séparait,
de la capitale, son village de Cuth, en Verman-
dois. Cet exemple d'un enfant venant de loin,
chercher l'instruction dans une grande ville,
n'était pas rare autrefois. L'Église puissante et
riche avait ouvert, dans tous les centres de
quelque importance, un ou plusieurs collèges,
où elle donnait la science pour rien ou presque
pour rien, tant les pieuses fondations s'étaient
multipliées. « On s'y précipitait », suivant l'expression de Verlac[1]. « Chaque année, dit cet auteur, les chaumières, les hameaux, les bourgs

---

[1] Verlac, *Nouveau plan d'éducation pour toutes les classes.*

retentissaient de ces bruits : Envoyez vos enfants aux collèges. »

Et de fait, c'était merveille de voir, à la rentrée des cours, des bandes énormes d'écoliers s'échappant, comme un nouvel essaim d'abeilles, à travers les routes qui conduisaient alors vers les collèges les plus en renom. Les écoliers partaient, la poche munie de quelques pièces d'argent ; les uns à pied, les autres montés sur des chevaux dignes du coursier de Don Quichotte. On se souvient du voyage de Gil Blas vers l'Université de Salamanque. L'étudiant se prélassait sur la mule que son oncle, Gil Perez, lui avait donnée. Au premier détour, un mendiant l'arrête, armé d'une escopette, et le force de vider son escarcelle. Tous, cependant, n'étaient pas aussi malheureux. Porteurs des lettres de recommandation de leurs curés pour quelques-uns de leurs confrères [1], qui tenaient auberge sur les routes, les écoliers trouvaient dans certaines localités « bon souper, bon gîte et le reste ». Ils

---

[1] V. Siméon Luce, *Jeunesse de Duguesclin.*

avaient aussi parfois la fortune de rencontrer sur leur chemin quelque prêtre charitable, qui prenait soin d'eux, jusqu'au terme du voyage. C'est ainsi que le pauvre La Ramée s'était trouvé d'occurrence avec un moine fort disert, assurait-il, car il lui avait enseigné, à l'heure des couchées, l'art de joindre ensemble les lettres de l'alphabet. Quoi qu'il en soit, on n'était guère gâté dans ces temps héroïques, et c'était pour un an, et même plus, qu'on disait adieu, comme Amyot, à la maison paternelle.

Quelle différence avec les mœurs actuelles ! Nos écoliers arrivent au collège, suivis du ban et de l'arrière-ban des parents, amis et connaissances. Le dernier son de la cloche a retenti : « Va, mon chéri, nous te reviendrons dans huit jours, » et l'enfant, couvert des pleurs du père et de la mère, arrosé des larmes de l'aïeule et de l'oncle, enveloppé des lamentations de tout son monde, s'en va, le cœur gros, mais la poche bien garnie, rejoindre ses camarades. Le beau temps que vous prenez de lui persuader qu'il n'est pas le plus malheureux des mortels ! On a publié, dans ces derniers temps, grand nombre d'ouvrages contre les internats. On a fait des articles qui sont de véritables réquisitoires contre la vie de pension [1]. Me serait-il permis d'exprimer un avis diamétralement opposé et de dire à nos industriels, à nos commerçants, à nos négociants, petits ou grands, à nos employés de commerce, qui confient leurs enfants à nos établissements d'enseignement spécial: « Accablés, comme vous l'êtes, du matin au soir, par les sollicitudes de la vie pratique, distraits par les tracas des affaires du soin de veiller sur vos fils, il vous est impossible de travailler d'une manière efficace à l'œuvre de leur éducation. Envoyez-les dans nos internats, faites-en des pensionnaires, c'est encore la meilleure manière de les élever ? »

« Cependant, disent certaines mères, n'éprouvez-vous pas quelque scrupule à conseiller ainsi la vie de pension pour nos enfants? N'est-ce pas

---

[1] M. de Laprade, *L'éducation homicide...* M. J. Agrippa, *La première flétrissure*. M. Charlier, *Réforme de l'internat dans les collèges*.

une chose excellente de les soustraire, quelques
heures par jour, au moins, aux influences pernicieuses de quelques-uns de leurs camarades,
et de retremper leurs jeunes âmes aux sources
vivifiantes du foyer paternel. On se plaint, avec
raison, que la vie de famille disparaît de plus
en plus. N'allez-vous pas, par un zèle indiscret,
porter encore un coup à cette institution ? »
J'avoue que l'objection a une force avec laquelle
il faut compter. Je vais dire mon opinion en
toute simplicité.

Non, l'amour du foyer domestique n'est pas
amoindri dans un enfant, parce qu'on l'écarte
de la maison paternelle, pour un temps plus ou
moins long. « Je ne l'aurais jamais cru, » disait
une mère à Mgr Dupanloup [1], « notre fils nous
aime, son père et moi, mille fois plus, depuis
qu'il nous a quittés pour aller au collège. » C'est
la vérité, l'enfant qui est privé temporairement
de la vie de famille, en apprécie beaucoup mieux
les bienfaits que celui qui en jouit continuelle-

---

[1] Mgr Dupanloup, lire le chapitre ii de *l'Éducation*, t. II,
p. 613-631, *De l'influence du condisciple*.

ment. C'est ce sentiment naturel, longtemps comprimé, qui attirait si puissamment Châteaubriand, à son retour d'Amérique, vers les ruines du château de Combourg où, jeune, il avait vécu sous les yeux de sa mère. L'éducation au collège tend à détruire les instincts d'égoïsme qu'ont développés chez l'enfant les douceurs et les gâteries du premier âge.

La seconde objection, relative aux mœurs, a été combattue depuis longtemps déjà. Quintilien a écrit là-dessus quelques pages d'un sens très droit. Je suis heureux que l'opinion du philosophe païen nous ait été conservée ; elle me servira de couvert, car cette question est des plus délicates. « Si la pureté des enfants était véritablement exposée à de si graves dangers, il ne faudrait pas hésiter un moment..., mais le péril est égal des deux côtés. Pour l'ordinaire, c'est du dehors même que vient le mal, qui s'insinue par le mauvais exemple dans l'âme des enfants [1]. » Ainsi, conclut Rollin : « ils ne

---

[1] V. *Traité des études* de Rollin, *Du gouvernement des collèges*, article second, p. 429, t IV.

prennent pas le désordre dans nos écoles, mais ils l'y apportent. » Je le sais, Quintilien vivait à l'époque où la société romaine, minée par la corruption la plus honteuse, commençait à se dissoudre. Cependant, soyons de bonne foi, le théâtre, depuis quelques années, n'a-t-il pas envahi nos mœurs? Je ne veux pas me poser en moraliste, il me suffira de renvoyer mes lecteurs à l'immortelle lettre de Bossuet sur les spectacles. Je constate un fait; nos industriels, nos commerçants, nos bureaucrates passent volontiers une soirée dans le monde ou au théâtre. Ils voient, dans cet amusement, une diversion aux rudes étreintes d'une journée de labeur. Dans ce cas, l'enfant devient une charge encombrante dont on se débarrasse en le confiant aux mains des domestiques. Or, est-ce bien là véritablement la place d'un fils de famille? Les enfants ont une perspicacité, un flair, qui les rendent parfois bien terribles. « — Pourquoi ne m'emmènes-tu pas ce soir? disait un fils à sa mère. — Parce que nous allons, ton père et moi, chez un de nos amis, traiter une question d'af-

faires; notre conversation t'ennuierait; allons,
ta prière. — Oh! je sais bien ce que je ferai
quand j'aurai dix-huit ans. — Eh bien, que
feras-tu? — Je ne dirai plus mes prières et
j'irai au spectacle, comme papa et maman. »
L'exemple est cité dans le livre de l'*Éducation*
de Mgr Dupanloup [1]. Les parents chrétiens eux-
mêmes sont-ils toujours circonspects, comme ils
le devraient, devant leurs enfants? Le bon Rollin
en doutait au siècle dernier, et, cependant, de
l'avis d'un écrivain sérieux, on s'observe moins
aujourd'hui qu'autrefois.

Il est une autre objection que l'on fait d'ordinaire contre la vie de pension; on craint pour
l'enfant le régime un peu austère du collège.
Faut-il dire que les parents ont souvent, à cet
égard, de singulières appréhensions. Certes, nous
sommes loin, aujourd'hui, du temps où les écoliers se contentaient de pain sec et de légumes.
Ce régime des collégiens de Billom, avant la
Révolution, était encore en vigueur, au commen-

[1] Mgr Dupanloup, *op. cit.*, ch. III, *Pureté des mœurs*, p. 643,
t. II.

cement du siècle, dans un certain nombre de départements. Dieu merci ! les choses se sont améliorées. La délicatesse dans le choix des aliments, est-ce une condition essentielle au développement de l'enfant? Assurément non : il suffit que la nourriture soit simple, solide, réglée et suffisamment abondante ; il faut cependant encore que le réfectoire soit vaste, aéré, bien tenu, « car la propreté, dit Rollin, relève le prix de la nourriture et en fait l'assaisonnement [1]. » Voilà précisément le but que nos établissements ont atteint. On a beaucoup vanté le système des internats allemands et les « Family houses » de nos voisins les Anglais ; Harrow, Eton, Rugby, ont été cités comme des modèles de collèges. Les professeurs de ces maisons d'éducation reçoivent sous leur toit et nourrissent à leur table quelque dix à vingt écoliers, dont ils prennent soin, dit Taine, « comme de leurs propres enfants ». Ce système [2] que M. Sarcey considère, en France, comme impraticable, fonc-

---

[1] Rollin, *op. cit.*, p. 529, t. IV.

[2] Taine, *Notes sur l'Angleterre ; Les collèges anglais.* F. Sarcey, *Annales politiques et littéraires*, octobre 1886. M. Hippeau, *Instruction publique aux États-Unis.*

tionne partout où il y a une maison d'éducation tenue par des ecclésiastiques.

Dans nos collèges, la vie est commune entre les professeurs et les élèves, le règlement est le même. Le son de la cloche, qui appelle les collégiens au réfectoire, y convoque aussi les maîtres. Le supérieur, comme un père de famille, tient le milieu des tables. C'est de là qu'il veille sur les détails du service. Si un élève ne mange pas, si un plat manque du suffisant, il est immédiatement averti et le mal est prévenu aussitôt que signalé.

Il est temps d'arriver aux avantages que présente la vie de collège.

Il y en a de deux sortes : les avantages moraux et les avantages physiques.

1° *Avantages moraux.* A notre époque, où le vent des révolutions balaye les vieilles traditions du passé ; où les coups du sort font crouler les situations les mieux établies, quand tout le monde s'inquiète du présent et tremble pour l'avenir, n'est-ce pas une bonne fortune, pour un père, d'assurer à son fils une garantie pour le reste de sa vie? Cette garantie est offerte par le collège. C'est là qu'on se fait comme un trésor de souvenirs, qui servent à préserver l'âme et à la fortifier dans les passes si difficiles de l'existence. C'est encore au collège que se contractent ces liens d'amitié dont Lamartine parle dans *Ses Confidences* avec une émotion qui se trahit à chaque ligne. Dans notre siècle de suffrage universel, où les conditions sont si souvent confondues, ne doit-on pas enseigner aux jeunes gens à se traiter sur le pied d'une bonne égalité? Cette égalité chrétienne peutelle être mieux enseignée que dans un pensionnat, où les enfants la mettent en pratique du matin au soir? Pour l'externe, la vie du collège est un vernis[1]; elle ne pénètre pas assez profondément pour qu'il en garde un souvenir profitable. « Il a des condisciples, dit Mgr Dupanloup, il n'a pas de camarades, il n'a pas d'amis. » Et puis, quel moyen, pour l'externe, de s'atteler à un travail sérieux, à la maison? A la pension, le devoir est fait, les leçons sont apprises sous les yeux du

---

[1] Mgr Dupanloup, *op. cit.*, ch. II, *Influence du condisciple.*

maître. Chez les parents, l'écolier court le risque d'être dérangé continuellement.

J'écris pour la classe moyenne, peut-être, la plus dépendante de toutes. Aujourd'hui, c'est un client qui demande à voir l'enfant. Demain, ce sera un ami qu'on gardera à dîner. On se croit obligé de retenir à table le fils de famille. Adieu les devoirs et les leçons du lendemain, ils courent grand risque d'être sacrifiés, ou, du moins, de n'être guère plus profitables que ceux que donnait à M. Jourdain son professeur de philosophie. On saisit le moindre prétexte pour débarrasser l'enfant; en revanche, le maître est chargé; Dieu sait ce qu'on en dit dans l'intimité. Il est passé au crible. Tout le monde rit, surtout l'enfant, auquel on fournit des armes qui tiendront, quelque jour, son professeur en échec. Et, cependant, l'amour et le respect de l'instituteur sont deux conditions essentielles aux succès matériels et moraux de l'élève. Tous les hommes qui se sont occupés de l'enfant l'ont constaté. Quintilien et Sénèque ont écrit sur ce sujet des pages admirables, et Cicéron a dit: « La reconnaissance pour ceux qui travaillent à notre éducation fait le caractère d'un honnête homme et la marque d'un bon cœur [1]. »

Chacun a son défaut, où toujours il revient :
Honte ni peur n'y remédient.

Il faut avouer que la thèse du bon La Fontaine est un peu trop générale.

Chacun a son défaut. Hélas ! la chose n'est que trop vraie, mais la honte souvent suffit pour le faire disparaître, la peur, quelquefois, et, aussi, les bons conseils d'un ami. Quand bien même je n'aurais, pour appuyer mon avis, que l'exemple du jeune duc de Bourgogne, je pourrais me contenter de le citer.

Tout le monde sait que Fénelon, à force d'habileté et de dévouement, fit, d'un tempérament bouillant, qui allait jusqu'à s'irriter contre la pluie, le prince doux et affable dont la France pleura la perte prématurée ; mais, à défaut d'un Mentor, le collège est une excellente école de dressage pour les caractères heurtés et difficiles.

Il y a dans le frottement continu des natures

---

[1] Rollin, *op. cit., Du devoir des écoliers,* p. 689, t. IV.

un avantage considérable pour la formation du jeune homme. Dans la famille, on craint d'appliquer les remèdes ; au collège, on ne connaît pas ces appréhensions. Du premier coup, la hache est portée à la racine du mal. Deux ou trois mois de pension se sont écoulés, et, déjà, l'élève hautain a rabattu de sa morgue, l'enfant colère, dont les parents n'avaient pu réussir à calmer les emportements, échoue en présence de ses condisciples, qui lui ont fait honte ; la peur d'être joué le corrige, à défaut des avis et des exhortations de ses maîtres. C'est un bien dont l'enfant se souvient, quand il est devenu homme. Le monde, en effet, ménage des surprises autrement désagréables que celles du collège à ceux dont le caractère ne s'est jamais assoupli et qui entrent dans la vie avec cette persuasion que tous doivent fléchir devant leur volonté.

Voilà pour les avantages moraux.

2° *Avantages physiques.* — On connaît le rôle important que joue dans l'éducation le développement des forces de l'enfant. Sans partager l'enthousiasme dont se sont épris pour les exercices corporels les novateurs du xviii° siècle qui voulaient préparer à la France « une race avec des muscles d'acier », l'Église n'a jamais cru que l'on pût, suivant les paroles de Montaigne, dresser l'âme sans s'occuper du corps, comme si l'on n'était pas obligé de les conduire, « également semblables à un couple de chevaulx, attachez au même timon [1] ». Aussi, dans tous les établissements ecclésiastiques, les exercices de force et d'adresse, qui exigent du corps une dépense d'activité sont-ils en honneur. C'est un article du règlement, considéré à bon droit comme un des plus importants, qu'il faille jouer sur les cours et aux promenades.

Or, quelle est, à ce sujet, la conduite que tiennent les parents à l'égard de leurs fils externes. Le jeudi et le dimanche, jours ordinaires des congés, les enfants vont à la remorque des parents et se traînent languissants à travers les rues et les boulevards de la ville. Point de francs ébats ; point de ces rudes échauffourées qui met-

[1] Montaigne, *Essais*, liv. I, ch. xxv, *De l'institution des enfants.*

tent aux prises deux bandes de collégiens, animés par la passion du jeu et l'ardeur de leur âge. Les jours de classe, l'écolier n'a guère d'autre exercice que celui que lui fournit sa promenade régulière de la maison au collège, en sorte que, dit M. Taine : « malheureux prisonnier, il est condamné une partie de sa jeunesse à ne voir que des moëllons[1] ». Voilà retourné le proverbe des anciens : « La vie dans le mouvement. »

Pour remédier à cet inconvénient du manque d'exercice, certains parents ont établi un trapèze dans la cour de leur maison ; c'est une cage resserrée entre quatre murs, privée d'air et de lumière. Gargantua aurait ri de cette gymnastique en lisières, lui qui « gravait ès arbres comme un chat, saultait de l'un à l'autre comme un escurieux... et qui, pour s'exercer le thorax et le pulmon, criait comme tous les diables, appelant Eudemon, depuis la porte Saint-Victor jusqu'à Montmartre[2] ». Je renvoie nos parents français aux exercices en usage chez les Anglais,

___

. [1] Notes sur l'Angleterre.
. [2] Rabelais, ch. xxiii.

les Allemands et les Russes, dans la gent écolière.

Évidemment, pour que l'internat réponde aux exigences les plus impérieuses de son existence, il faut qu'il présente toutes les conditions de salubrité physique et morale désirables. Aussi, comme l'a dit M. de Laprade, et, après lui, le père Lescœur, qui a consacré un grand talent d'écrivain à cette question de pédagogie : « Les internats importants doivent être situés à la campagne. » Il faut lire les pages que M. Taine[1] a écrites, dans ses notes sur l'Angleterre, au sujet de cette habitude déplorable que nous avons d'établir nos collèges au centre-même des villes[2]. Il semble que la première chose que l'on cherche, en bâtissant des internats, ce soit la commodité des parents; l'intérêt moral, la santé des enfants, ne sont qu'une question accessoire. Et, cependant, de l'avis des médecins les plus compétents, c'est plutôt le manque d'air, de cet « air qui est la nourriture de la vie », que le sur-

---

[1] *L'État maître de pension*, p. 219.
[2] V. M. de Franqueville, *Les écoles publiques en Angleterre*.

menage intellectuel qui étiole les enfants et tarit en eux la source des ardeurs juvéniles. Aussi, en soutenant la cause de l'internat en général me suis-je fait une réserve. C'est sur cette réserve que je vais appuyer ma thèse sur l'internat en particulier. Les développements qu'elle contient me permettront de combattre les théories révolutionnaires de Danton et de ses disciples d'aujourd'hui, en matière de pédagogie pratique. J'examinerai si les internats de l'État, d'abord, puis, si les internats ecclésiastiques offrent toutes les garanties désirables au point de vue physique et au point de vue moral pour l'œuvre de l'éducation.

CHAPITRE X

DE L'INTERNAT EN PARTICULIER

I

DES INTERNATS DE L'ÉTAT

Tout d'abord, avant d'entrer dans la question que je vais débattre, je crois pouvoir affirmer que ma thèse sur les collèges de l'Etat est celle d'un grand nombre de membres de l'Université; je suis donc en droit d'assurer que mon intention n'est pas d'attaquer les mérites d'un corps savant que les nations étrangères elles-mêmes honorent et admirent. Je pousse plus loin le respect de ma cause; afin de me dégager de toute accusation de parti pris, j'ai choisi mes témoignages, au moins pour la plupart, non pas dans les auteurs catholiques, comme MM. de Montalembert et de Laurentie, mais chez nos adversaires les plus déclarés et parmi les partisans avoués du système universitaire.

Qu'est-ce qu'un lycée? On en peut lire la description dans les ouvrages de Lamartine, de George Sand et de M. Renan, tous ces tableaux se ressemblent. Voici le croquis de M. Taine [1] : « Les lycées, dit-il, dans son livre sur l'Angleterre, sont de grandes boîtes de pierres où l'on entre par un seul trou, muni d'une grille et d'un portier; à l'intérieur sont quelques cours, semblables à des préaux; parfois, une pauvre rangée d'arbres, en revanche, beaucoup de murs. » L'écolier ne respire pas, il se sent mal à l'aise dans cette atmosphère délétère. En somme c'est un « prisonnier ». Le livre de M. Taine date déjà de quelques années. Les choses ne se sont pas améliorées depuis. Le docteur Charlier vient de publier une brochure sur la réforme de l'internat dans les collèges de l'État, qui atteste, une fois de plus, que le mal dont souffrent les lycées est profond et invétéré; c'est en vain que M. Gréard a voulu

[1] *Notes sur l'Angleterre.*

apporter des remèdes en proposant des palliatifs, dit le *XIXe Siècle*, dans un article bibliographique sur l'ouvrage de M. Charlier. « A ces vastes casernes scolaires perdues dans les plus sombres quartiers des villes... il voulait substituer des établissements installés de préférence à la campagne, » mais hélas ! pour arriver à ces résultats, il aurait fallu des sacrifices pécuniaires, et le budget de l'instruction publique n'est déjà que trop grevé des charges que lui impose la loi sur l'enseignement primaire. Aussi, comme le dit l'auteur de l'article du journal cité plus haut, « où sont ces projets ? Où sont les neiges d'antan ? Jamais dans les grandes villes les agglomérations scolaires n'ont été plus compactes. » En fait, malgré toutes les promesses de l'autorité, malgré toutes les revendications du public, la plupart des collèges de l'État restent, comme l'écrit le docteur Charlier, « des établissements malsains matériellement, à cause du contact inévitable d'individus enfermés pendant de longues heures dans des locaux plus ou moins bien installés [1]. »

[1] Voir *le XIXe Siècle*, 5 mars 1888.

Voilà le côté physique des internats universitaires dans la plupart des centres nombreux, je vais étudier maintenant la question, sous le rapport de l'éducation ; c'est le côté moral.

L'éducation est l'art de former l'homme, en apprenant à l'enfant à aimer le bien et à le pratiquer. La différence qui existe entre elle et l'instruction est immense, elle s'impose à tous. Il n'est personne, en effet, qui ne comprenne qu'on puisse être instruit, sans être honnête homme et qu'un homme vertueux puisse être un ignorant. Si le rôle qui est réservé à la science dans la vie des individus et des sociétés est considérable, celui qui revient à l'éducation est plus considérable encore. Elle est le fondement de la famille et de l'État: « Malheur, a dit Lacordaire à l'empire, qui ne sait plus élever ses enfants, et qui croit que le bien jaillit de la science et de la littérature quelles qu'elles soient [1]. » Aussi Dieu a-t-il voulu, en raison même de son importance pour le bonheur et la conservation de l'humanité, que les parents fussent tout d'abord investis de la charge d'é-

[1] Lacordaire, *Confér.* de 1860.

lever leurs enfants à l'exclusion de tous autres.
« C'est dans la famille que réside le droit naturel
de l'éducation, » écrivait M. Guizot en 1850 [1] ;
sans doute les parents qui sont incapables, pour
une raison ou pour une autre, de se charger de
ce soin délicat, peuvent chercher des aides ou
même des suppléants, mais c'est à eux qu'incombe
la responsabilité première, et ils doivent apporter
tout ce qu'ils ont d'expérience et de tact pour
discerner et choisir entre les éducateurs, je ne
dis pas les bons, mais les meilleurs ; chose
difficile, car si l'on rencontre, à notre époque, des
professeurs distingués par la science et habiles
dans l'art d'instruire, on ne trouve pas, aussi
facilement, des maîtres dont le dévouement soit
à la hauteur de la tâche sublime d'élever les
jeunes gens vers les régions supérieures du beau
et du bien, pour les y maintenir quand ils sont
devenus des hommes.

. Bien des conditions sont requises pour qu'un
établissement quelconque présente toutes les
garanties désirables sous ce rapport. Je vais en

[1] M. Guizot, *Lettre à l'Institut*, 5 juillet 1850.

énumérer quelques-unes. Il m'a semblé que celles-là sont les plus importantes et que les autres en découlent nécessairement. Pour les éducateurs de la jeunesse, enseigner la vertu ne suffit pas, il faut qu'ils joignent eux-mêmes l'exemple à la leçon; en outre, leur influence sur l'âme de l'adolescent doit être constante et individuelle ; il est encore nécessaire qu'ils aient à leur service une doctrine capable de former et de corriger les mœurs.

Celui qui s'imaginerait pouvoir enseigner aux enfants l'amour du bien, comme on leur apprend une question d'histoire ou de mathématiques, se tromperait étrangement. Ce n'est pas même en découvrant à l'âme d'un jeune élève les beautés de la vie morale, qu'on lui inspire le désir efficace de devenir un parfait honnête homme. S'il en était ainsi, du haut de sa chaire, le prédicateur, doué de l'art de plaire et d'émouvoir, serait un excellent éducateur. Il ne suffit pas, en effet, de faire aimer le bien aux jeunes gens, car, selon la parole de l'auteur ancien, on peut voir ce qui convient et l'approuver, sans cesser d'obéir à

des instincts dépravés : *Video meliora proboque,
deteriora sequor ;* mais il faut leur enseigner
soi-même la manière de la pratiquer, or, c'est
dans la vie du maître que l'élève apprend la
science difficile de la vertu, c'est la pensée de
Fénelon, de Bossuet, c'est celle d'Aristote et de
Platon, et, seuls, les Pharisiens se sont imaginé
pouvoir imposer aux autres des fardeaux qu'ils
étaient incapables de porter.

Pour former l'âme d'un enfant, sans doute,
il faut des leçons accompagnées d'exemples ; il
est nécessaire encore que l'enseignement se fasse
doucement. La nature ne procède pas par bonds
précipités et l'axiome de Linné se constate dans
le monde des êtres moraux, aussi bien que dans
celui des êtres physiques : *Natura non facit
saltus.* Comme une atmosphère bienfaisante,
l'éducation véritable enveloppe l'âme et la pénètre peu à peu. C'est l'œuvre de plusieurs mois
et de plusieurs années, et le résultat d'un travail patient, intelligent et opiniâtre, que rien ne
rebute. Sans cesse en éveil, l'éducateur ne peut
perdre de vue son élève, un seul instant.

C'est souvent quand on s'y attend le moins qu'un orage éclate dans l'âme d'un jeune homme, et ses effets sont d'autant plus terribles, qu'on n'a rien fait pour les conjurer. En disant que l'œuvre de l'éducation devait être le résultat d'efforts persévérants, je n'ai pas prétendu qu'il fallût la laisser en la possession d'un seul. Sans doute, le travail de formation gagne toujours à demeurer dans la même main. Cependant, il n'y a rien à perdre lorsque plusieurs maîtres animés du même esprit se livrent successivement à la tâche avec une ardeur égale. La conduite d'un navire peut passer d'un pilote à l'autre, pourvu que la barre du gouvernail, en changeant de direction, ne soit pas confiée à un novice.

Constante et dévouée, l'éducation doit encore être individuelle ; tandis que le professeur distribue son enseignement à la masse des élèves, l'éducateur ne s'adresse qu'à un seul à la fois, parce que, si tous les enfants peuvent être instruits, suivant un système analogue, il s'en faut de beaucoup qu'ils soient susceptibles de la même formation. En effet, tous les sujets ont des différences marquées au point de vue du caractère et du tempérament. Les uns et les autres ont des qualités et des défauts qui leur sont communs, mais chacun a son originalité personnelle, à laquelle il faut avoir égard, si l'on veut réussir. En éducation, il n'y a point de mesure absolue, s'il y a une règle, il faut qu'elle soit semblable à celle des Lybiens, qui prenait exactement la forme des corps. Un enfant sensible et délicat demande des ménagements qui seraient déplacés auprès d'une nature sauvage et heurtée ; un jeune homme a une pointe d'amour-propre qu'il est bon d'entretenir, chez un autre il faudrait l'étouffer.

La troisième condition nécessaire à une bonne éducation est l'existence d'une doctrine suffisante pour façonner les mœurs. Jusqu'à sa onzième ou sa douzième année, l'enfant ne pense guère à demander des comptes à ceux qui lui commandent. Il obéit, la plupart du temps, parce qu'on lui a fait une habitude du devoir. Il n'a point encore senti en lui de rébellion sourde contre la voix du supérieur. Il écoute sans murmure et ne songe pas à discuter un ordre. Les limites de cet âge une fois franchies, l'enfant entre dans une nouvelle phase. Il reçoit encore des leçons et un enseignement, mais sa curiosité, excitée par des passions naissantes, le pousse à se demander si l'on est en possession de lui en donner ; pour peu qu'il ait un penchant à accueillir les idées d'indépendance, qu'un mauvais conseiller lui aura soufflées, il ne tardera pas à exiger de ceux qui le gouvernent la raison dernière de leur autorité sur lui. La chose n'est pas si rare.

Ils sont malheureux ceux qui n'ont à faire valoir auprès d'un adolescent, qui essaie de secouer le joug que la crainte seule a maintenu jusque là sur son âme, que des arguments tirés des instincts altruistes de M. Littré, des théories de M. Renan, ou de M. Vacherot. De quelle considération peuvent être auprès d'un jeune homme qui a tout à faire pour lutter contre les violences du dedans et les entraînements du dehors, des principes de philosophie comme ceux-ci : « L'humanité fait du divin, comme l'araignée fait de la toile ; » ou cet axiome de morale : « Le vice et la vertu sont des produits comme le vitriol et le sucre [1]. » Les raisons de convenance, quand bien même on les appuierait sur un système de philosophie, comme celui de Berkeley et de Smith, seraient encore impuissantes. Le déisme, lui aussi, qui semble cependant, au premier abord, offrir des garanties pour la formation morale, est inefficace, parce qu'il s'appuie sur une révolte et qu'au lieu d'affermir les bases de l'autorité nécessaire à l'œuvre de l'éducation, il les renverse.

Pratiquement, la meilleure formule, la seule acceptable en cette matière, est celle-ci : « Nous vous commandons », doit dire le maître à l'enfant, « parce que nous sommes les représentants de vos parents, qui tiennent la place de Dieu même sur la terre. »

Or c'est ce que ne peut dire l'État aux enfants qu'il se charge d'élever. L'État, en effet, représenté par ses professeurs, de la base au sommet de la hiérarchie universitaire, n'est ni catholique, ni protestant, ni israélite, ni rationaliste, ni panthéiste, ni matérialiste, ou, plutôt, il est de

---

[1] Bouëdron, *Hist. de la philosophie*, p. 280-281.

toutes les opinions, de tous les systèmes, puisqu'il les admet, quels qu'ils soient, au même titre. C'est pourquoi un maître ne peut s'appuyer d'aucun dogme, d'aucune doctrine philosophique, pour donner des leçons de morale pratique à ses élèves, puisqu'il courrait risque d'être contredit, l'instant d'après, par un confrère dont les idées seraient en contradiction avec les siennes. Sans doute, dira-t-on, mais l'aumônier, dans un lycée, supplée par son enseignement à ce qui manque dans le professeur du côté de la doctrine. Hélas ! non ; la part de l'aumônier dans l'œuvre de l'éducation est à peu près nulle dans la plupart des internats universitaires. Le P. Lacordaire le constatait en 1830, alors qu'il était attaché au collège Henri IV, en qualité de directeur des consciences. Ses confrères et lui étaient « dans un abattement profond et dans un dégoût qu'aucun terme ne saurait exprimer, à cause de l'impuissance presque absolue de leur ministère[1] ». Les choses n'ont pas changé depuis. L'abbé Marty disait en 1869, dans son livre des aumôniers de

---

[1] *Vie du P. Lacordaire*, par M. Foisset, t. I, p. 86 et seq.

l'Université[1] : « L'éducation religieuse est la culture de l'âme tout entière. Elle doit se donner à tout moment. Et l'on voudrait que l'aumônier, qui n'apparaît qu'une ou deux heures par semaine devant les élèves, suffit à la donner, n'étant aidé par aucun maître, étant même contrarié par tous les maîtres ! » Le témoignage le plus décisif en cette matière est celui de M. Francisque Sarcey. Ce publiciste a dit, dans un article, paru au mois de décembre 1887, dans les colonnes de la *République française* : « Elle est jolie, l'influence que peut prendre sur des enfants, élevés d'une certaine façon, nourris de certaines doctrines, un homme en robe noire, qui leur fait un cours, une ou deux fois par semaine... De 1840 à 1847, je ne me souviens pas d'avoir *eu un seul de mes camarades qui ait donné ombre d'attention à cet enseignement*[2]. »

Il est donc avéré que l'aumônier n'a, en fait, aucune action sur les élèves, au point de vue de la formation morale, dans les collèges de l'État,

---

[1] Chez Douniol, 1869.
[2] *Le Gaulois*, 9 décembre 1887.

et que cette œuvre demeure tout entière entre les mains, soit du proviseur ou du censeur, soit des professeurs ou des maîtres d'études. Or, quand bien même le proviseur, le censeur et les professeurs, abdiquant leur opinion personnelle, en matière de dogme religieux ou de doctrine philosophique, s'entendraient, pour accepter le principe catholique comme base de l'éducation; quand bien même ils seraient tous des hommes de croyance et de pratique, pourraient-ils se charger de former les mœurs et le caractère des enfants qui leur sont confiés? Je ne le crois pas.

Comme je le disais, la tâche de l'éducation doit être constante et assidue. Or, ni le professeur, ni le proviseur, ni le censeur ne vivent assez avec leurs élèves pour que leurs bons offices auprès d'eux remplissent cette condition.

Le professeur. — Sans doute, il peut laisser tomber de son cœur quelques conseils pratiques, le titre de père de famille qu'il possède la plupart du temps lui donne à cet égard des titres recommandables, mais c'est un homme du dehors, qui vient, à certains moments déterminés, s'asseoir auprès de ceux qu'il doit instruire.

Son cours achevé, il disparaît. Il ne voit donc les enfants qu'en passant et ne peut agir efficacement sur leur conduite morale. Le voulût-il? il lui serait matériellement impossible de réussir. Absorbé par les occupations de sa charge, il est obligé de se retrancher dans le domaine qui lui est assigné. La moindre excursion en dehors ferait brèche aux programmes des études et lui attirerait de sévères réprimandes: aussi se contente-t-il toujours de son rôle d'instituteur, sans ambitionner d'autres titres.

Le proviseur. — Ce personnage ne peut, lui non plus, exercer cette influence persévérante et quotidienne, nécessaire à l'œuvre de moralisation et de formation. Ses occupations, aussi multiples que variées, le prennent tout entier. D'ailleurs, la haute autorité dont il est revêtu ne lui permet pas de se commettre sans cesse avec les élèves. Sans doute, il surveille, réprimande, encourage et conseille, mais toujours de haut et sans descendre de sa dignité. Il fournit à ses subordonnés les moyens de donner l'éducation, mais il ne la donne pas.

Le censeur. — Armé de sa férule comme d'un épouvantail, il ne paraît pas aux yeux des enfants un conseiller assez encourageant pour être abordé de gaieté de cœur. Comme le proviseur, il a également besoin, pour le bien général de la discipline, de se tenir à l'écart, et de se renfermer exclusivement dans ses fonctions. Lui aussi, sert à rendre l'éducation possible, il ne la donne pas.

D'un autre côté, l'œuvre de formation morale, nous l'avons vu, est purement individuelle. Or, le proviseur, le censeur et les professeurs ne voient les élèves qu'en public ; rarement ils ont affaire à eux en particulier. Donc, quand bien même tous ces maîtres s'entendraient au sujet d'une doctrine moralisatrice à adopter, quand bien même ils seraient religieux du premier jusqu'au dernier, ils ne pourraient fournir, à eux seuls, les matériaux nécessaires à l'œuvre de l'éducation, puisqu'ils n'ont pas à leur service l'influence constante indispensable, et que leur action s'étend à la masse des élèves, sans s'adresser de préférence aux individus pris isolément.

Si le proviseur, le censeur et les professeurs ne sont pas appelés, dans les internats universitaires, à élever les générations d'élèves qui leur sont confiés, si le prêtre lui-même est écarté d'un terrain qui devrait lui appartenir de droit, eu égard aux fonctions de son ministère, à qui incombe cette tâche sacrée et délicate de l'éducation? Au maître d'études!

Voilà l'homme sur lequel l'État se repose du soin de former le caractère et le cœur des enfants que les parents lui confient.

Le maître d'études, il importe de tracer son portrait. Le docteur Agrippa l'a fait dans un ouvrage intitulé : *La première flétrissure.* J'emprunte cette citation au livre du père Lescœur sur l'État père de famille[1] : « Plus misérable que l'élève, parce que l'abrutissement, datant de plus loin, est plus profond, ce bourreau est le premier martyr de l'internat... Il s'enivre le dimanche...

[1] P. Lescœur, p. 134 et seq.

7*

et ne s'aperçoit pas, quand il prend son chapeau, qu'on a profité de son sommeil pour verser un encrier dedans... » Il y a d'autres traits dans ce tableau que je préfère laisser dans l'ombre. Quoi qu'on ait dit, le portrait est chargé. Je crois, avec M. Renan, qu'il y a parmi ces surveillants « bien des dévouements cachés, d'honorables abnégations »; mais enfin, je suis obligé de dire avec lui que le corps des maîtres d'études « condamné à une position subalterne à l'égard des professeurs et de l'administration, laissera toujours à désirer[1]. » N'y a-t-il pas, dans les paroles mêmes de M. Renan, de quoi inquiéter sérieusement des parents qui ont souci de l'avenir moral de leurs enfants ? Le maître d'études, je ne veux pas me servir d'une expression malheureusement trop répandue dans les lycées pour désigner le surveillant, tel est le personnage auquel des femmes chrétiennes confient les fonctions les plus délicates de leur rôle. C'est lui, « c'est ce valet du proviseur », qui veillera sur le sommeil de leur fils,

[1] V. M. Renan, *Part de l'État et de la famille dans l'éducation.*

qui les conduira à l'infirmerie, qui leur fera dire tous les jours ces belles paroles : « Notre père qui êtes aux Cieux », qui se chargera de leurs jeux, de leurs promenades, qui les accompagnera dans ces mille petits détails de la vie quotidienne, qu'il est impossible d'énumérer et dont les mères s'occupent avec une sollicitude, dont elles sont récompensées par des sourirés et par des caresses.

C'est en vain que M. Fourtoul, d'abord, M. Thiers ensuite, et, plus tard, M. Duruy ont essayé d'améliorer la situation ; ils n'ont pas réussi. M. Ferry a cru pouvoir réaliser le vœu de ses illustres devanciers ; le moyen, c'est de verser l'or dans les caisses universitaires. « Que l'Université se fasse plus maternelle, » a-t-il dit, dans son discours du 30 juin 1879[1] ; « vous le voulez, nous le voulons aussi : c'est, Messieurs, une question d'argent, et pas autre chose. » Dire qu'une partie de la Chambre des députés a souligné par des assentiments ces paroles du ministre ! Comme si ces belles choses qui s'appel-

[1] Voir l'*Officiel*.

lent la vocation, le dévouement, l'amour, la vertu, avaient un cours à la bourse, à côté des actions sur les pétroles de Russie ou sur le Panama.

Non, les maîtres d'études ne peuvent fournir à leur tâche, parce qu'ils n'ont pas, à leur service, la première des qualités requises pour être éducateurs, l'influence de la considération et de l'exemple. Il faut donc conclure de tout ce qui précède que, de bas en haut dans la hiérarchie des maîtres universitaires, aucun n'est capable de donner l'éducation dans les collèges de l'État. C'est l'opinion de M. de Laprade : « Ce que je conteste à l'État, c'est de pouvoir fonder un seul internat sérieux..... Il ne sera jamais une mère, la politique doit céder ce rôle à la Religion[1]. » C'est également l'avis des principaux dignitaires de l'Université. Dès l'année 1817, M. Benjamin Constant disait, dans le *Mercure de France*[2] : « L'éducation qui vient du gouvernement, doit se borner à l'instruction seule. » En 1836, M. Guizot, grand maître de l'Université,

---

[1] *L'Éducat. homicide*, p. 50.
[2] Riancey, t. II, p. 267.

avouait à la Chambre des députés que dans les lycées « l'éducation n'était pas au niveau de l'instruction ». D'un autre côté, M. Dubois, directeur de l'École normale supérieure écrivait, la même année, dans son rapport: « Chez nous, tout paraît à merveille organisé pour l'instruction ; mais il est une autre partie de l'enseignement sur laquelle les écoles laissent beaucoup à désirer : l'éducation[1]. » En 1859, M. Saint-Marc Girardin faisait entendre les mêmes plaintes ; « Nous instruisons, mais nous n'élevons pas[2]. » M. le duc de Broglie, dans ses *Vues sur le gouvernement de la France*, publiées par son fils, conclut « à la suppression de tout internat dans les collèges de l'Etat. Il ne lui sied point d'entrer en rivalité sur ce point avec les institutions privées; il lui est encore moins permis de se charger de l'éducation proprement dite. Il assume par là une responsabilité qui le compromet, sans profiter à la société[3]. »

---

[1] Riancey, t. II, p. 476.
[2] Riancey, t. II, p. 476.
[3] M. le duc de Broglie, *Vues sur le gouvernement de la France*, p. 222.

Aujourd'hui, les avis des hommes compétents de l'Université n'ont pas changé. M. Louis Bonnel, professeur agrégé dans un établissement du gouvernement, a eu le courage d'écrire dans ses *Réformes universitaires* : « L'internat est aussi funeste à la société qu'à l'enfant lui-même. L'Université en convient généralement[1]. » A ces autorités, pourtant si décisives, il faut ajouter celle de M. Bréal. Cet éminent philologue, inspecteur de l'Université, a dit : « Avant tout, il faut que l'Université se persuade que personne n'a plus à se plaindre de l'internat qu'elle-même[2]. » C'est l'avis de M. Gréard[3]. On se demande alors ce que deviennent les prétentions des doctrinaires qui suivent les idées de M. Jules Ferry, les Floquet, les Paul Bert, les Macé, en présence des témoignages unanimes des gens les plus compétents dans les questions pédagogiques. Les représentants accrédités de l'État, en matière d'éducation, avouent qu'ils sont impuissants à former des

---

[1] *Réformes universitaires*, p. 33.
[2] Bréal, p. 309.
[3] V. *Le XIXe Siècle*, 5 mars 1888.

hommes et on voudrait, malgré cela, les charger de cette tâche, à l'exclusion de tous autres. Il faut l'avouer, là encore nous faisons peur, parce que, à côté de l'enseignement classique dans nos établissements, il y a l'éducation religieuse qui n'est pas corrigée comme le voudrait M. Francisque Sarcey « par l'atmosphère ambiante des autres enseignements, des conversations entre élèves, des journaux lus à la dérobée, par ce souffle de libre pensée qui se dégage bon gré mal gré des vieux murs d'un établissement universitaire[1] ».

Non! nous ne connaissons pas de ces compromis avec l'esprit du mal. Nous élevons nos pensées plus haut. Nous voulons préparer pour l'avenir non seulement des hommes qui sachent penser, écrire et compter, mais des chrétiens dévoués à la cause de la Religion et à celle de la patrie. C'est pourquoi nous disons aux pères de famille : « Confiez-nous vos enfants, si vous ne pouvez vous en charger vous-mêmes. » Ils se formeront au contact de leurs camarades à supporter le noble fardeau de l'existence. S'ils

[1] V. *Le Gaulois*, 9 décembre 1887.

souffrent quelque peu, dans cette prise de corps avec les difficultés de la vie commune, eh bien ! ils n'en seront que mieux préparés aux luttes qui les attendent dans le monde. Sans avoir la prétention de faire des héros, nous voulons élever pour la postérité des hommes de principes, de conviction, des braves, dans le vrai sens du mot, qui pourront adresser aux ennemis de la veille et à ceux du lendemain cette fière réponse des dix mille à Xénophon : « Nous avons des corps plus robustes, plus endurcis à la peine que ceux des Perses, qui nous poursuivent, nous avons aussi des âmes plus fortes, la victoire doit être à nous. »

II

DES INTERNATS CHRÉTIENS

« Les établissements d'éducation, tenus par les congrégations religieuses, sont des foyers de contre-révolution[1]. » Je suis loin de m'inscrire en faux contre la définition que donne M. Paul Bert

[1] Le P. Lescœur, *Examen de la loi Ferry*, p. 63.

de l'internat chrétien. Je la trouve fort exacte.
L'ambition du clergé est bien, en effet, en formant les jeunes gens qui lui sont confiés, de
faire « revivre le passé », car ce passé a été
l'honneur de la patrie ; son désir le plus ardent
est de « ramener le monde aux jours de cette
superstition », si dédaignée de M. Arago, dans
son discours tenu aux francs-maçons de la loge
des Trinitaires, le 30 octobre 1876[1], car cette
superstition n'est autre que la pratique de la
religion catholique, qui, seule, est capable d'assurer aux individus leur véritable bonheur, et à
la nation, cette félicité prospère des anciens
jours, à laquelle a succédé une ère de sombres
et accablantes tristesses.

Relever les forces vitales de la nation par la
croyance en Dieu et en son Église : voilà le but
dernier que se propose d'atteindre l'internat chrétien par l'éducation de l'enfant ; mais, pour atteindre ce but, l'internat chrétien doit être nécessairement la contre-partie de l'internat de l'État.

---

[1] F. Goffin, *Histoire populaire de la franc-maçonnerie*, p. 517 ;
Id., p. 61.

De fait, l'internat chrétien est l'opposé de l'internat de l'État : 1° dans l'objectif qu'il se propose ; 2° dans son mode d'organisation.

Il en est la contradiction par ses moyens d'action sur l'âme et le cœur des jeunes gens :

1° Dans l'objectif qu'il se propose, l'internat chrétien est en opposition avec l'internat de l'État.

M. Renan possède à un suprême degré l'art des compliments mitigés. Quand, sous sa plume, se glisse parfois un éloge du catholicisme, tout à côté, se dresse une insinuation qui, sous une forme discrète, atténue le bon effet d'un aveu, échappé comme à regret. Son petit volume sur la *Part de l'État dans l'éducation*, offre un exemple remarquable de ce procédé à double effet. Tout d'abord, M. Renan exalte les petits séminaires qui offrirent, au commencement du siècle, « une porte échappatoire à la compression » universelle. « Là, put se former l'âme poétique d'un Lamartine[1]. » C'était faire l'éloge des jésuites qui avaient accueilli le jeune homme

---

[1] M. Renan, *Part de l'État et de la famille dans l'éducation*, p. 4 et seq.

dans leur collège de Belley. Le compliment ne tient pas : bientôt les jésuites sont accusés d'être la cause de tous les maux dont souffrent les pensionnaires en général, et ceux de l'État, en particulier. Ils sont, en effet, représentés comme les inventeurs de l'internat, qu'ils ont imaginé, afin de confisquer, au profit de leur ordre, l'influence des hautes classes de la société. La vérité, la voici. Elle a été démontrée par le P. Clair [1]. « En 1710, l'Allemagne, sur quatre-vingt-trois collèges de la Compagnie, n'en comptait que douze où fussent admis des pensionnaires. A la même époque, les quatre-vingt-dix collèges d'Espagne et les quatorze du Portugal n'offrent pas trace d'internat. En France, au moment de la suppression, quand les pensionnats étaient le plus nombreux, quinze collèges sur cent un recevaient des internes. » Il faut avouer que si les jésuites ont inventé le système des internats, ils n'ont guère mis d'ardeur à faire prévaloir leur idée.

En tout cas, la Révolution a accueilli d'enthousiasme la pensée de réunir dans des établis-

---

[1] *Études religieuses*, t. XII, année 1867, p. 793 et seq.

sements spéciaux les jeunes gens que les parents abandonneraient à son influence, ou qu'elle leur arracherait de force, afin d'en faire des instruments dévoués à la grande cause de rénovation sociale qu'elle méditait. Michel Lepelletier se chargea de déchirer une page du *Contrat social*, elle servit à la Convention pour imaginer le plan de l'Université actuelle. L'empire accepta le legs et Fourcroy fut l'exécuteur testamentaire. Ainsi, loin d'accuser l'Église, M. Renan devrait reconnaître, en toute vérité, que le principe de l'internat est contenu dans le programme révolutionnaire, à la suite des théories de Danton et de Joseph Chénier sur l'éducation nationale. Oui, qu'elle le veuille ou non, l'Université est destinée à devenir le canal par lequel coulera dans l'âme des jeunes Français les idées que la révolution n'a pas eu le temps de réaliser, mais dont elle n'a jamais cessé de poursuivre l'exécution. « Nous revendiquons », a dit M. Clémenceau, dans la séance du 23 juin 1883 à la Chambre des députés, « nous revendiquons pour l'individu sa pleine liberté, nous lui donnons par une *culture appropriée* sa plus grande puissance et nous cherchons le *milieu* le plus *favorable à l'exercice de cette puissance* [1]. » Or, quelle est cette puissance? C'est celle qui consiste à renverser la doctrine catholique, pour y substituer les théories sociales de Rousseau et de Proudhon : « Nous remplaçons votre hiérarchie par *l'égalité, par la solidarité.* »

La pensée de M. Clémenceau se dégage nettement. Si le but de l'éducation nationale dans les internats de l'État est défini, la réalisation en est proche ; le travail se fait chaque jour sous nos yeux et accuse des progrès croissants. Dans quelques années l'œuvre sera prête. M. Clémenceau le proclame hautement. On peut donc affirmer que l'internat chrétien, au XIXe siècle, est destiné à devenir l'adversaire naturel de l'internat de l'État dans le but offert à tous les deux.

2° Opposé à l'internat de l'État dans le but poursuivi, l'internat chrétien lui est encore opposé actuellement dans son organisme.

____

[1] L'abbé Méric, *Les erreurs sociales du temps présent*, p. 357.

L'économie d'une maison d'éducation religieuse est admirable, si admirable que ceux qui en ont goûté les douceurs ne peuvent en distraire leurs affections. L'homme qui a passé quelques années de sa jeunesse dans un collège ecclésiastique, peut en imposer aux autres sur ses convictions intimes, mais il ne saurait se mentir à lui-même. Il se surprend, au souvenir de sa première enfance, à répéter en lui-même le verset du psalmiste, qu'il chantait autrefois : « Qu'il est bon pour des frères d'habiter en commun, » vînt-il, comme Lamartine, à préférer la faveur populaire à ses pratiques de foi, vînt-il même à laisser, comme M. Renan, égarer son âme dans les sentiers de l'erreur. L'internat chrétien, en effet, est l'image de la famille agrandie et développée, avec ses fêtes, ses traditions et ses croyances ; il est donc naturel à l'homme d'y attacher son âme, comme il a attaché son cœur à la maison qui a protégé son propre berceau.

A la tête, est le supérieur qui préside plutôt qu'il ne commande, puis, viennent les professeurs et les maîtres d'études. Ici, on ne rencontre point cette distinction hiérarchique qui existe ailleurs. Tous ceux qui s'occupent de l'enfant sont sur le pied d'une égalité parfaite, quelque titre qu'ils possèdent. L'œuvre dont ils sont chargés est la même, et, si la besogne est partagée, les fonctions, réservées à chacun, sont aussi honorables et aussi né-cessaires : « Former l'homme, dit l'abbé Méric, c'est à la fois l'instruire et l'élever, c'est développer non seulement une ou plusieurs de ses facultés, mais toutes les facultés qu'il a reçues de Dieu [1]. » Or, si le professeur a un genre d'influence qui paraît plus appropriée à la culture intellectuelle, le maître d'études a une action plus immédiate sur la formation morale de l'élève. Il faut donc que l'un et l'autre s'entendent et se prêtent un mutuel appui, puisqu'il s'agit d'élever de concert un édifice dont l'harmonie repose sur l'arrangement proportionné des parties. Par suite, le professeur et le maître d'études sont égaux devant la tâche qui s'accomplit sous les yeux des élèves et en leur faveur. L'unité et l'égalité, voilà les deux qualités qui constituent l'internat chrétien.

[1] L'abbé Méric, p. 149, *op. cit.*

Or, cette unité ne se rencontre pas dans l'internat universitaire. Chaque catégorie de maîtres forme, comme une caste à part, dont les rangs sont fermés aux individus de l'ordre inférieur. L'égalité, elle aussi, est bannie du système universitaire : une hiérarchie suppose nécessairement le privilège, et le privilège, d'où qu'il vienne, est l'ennemi de l'égalité. L'économie de l'internat chrétien est donc en opposition formelle avec l'organisme des pensionnats de l'État.

L'internat chrétien est non seulement l'opposition de l'internat de l'État, il en est encore la contradiction dans ses moyens d'action.

Le premier mode d'action est l'*influence immédiate et persévérante dans le sens du bien.*

Un pensionnat religieux, nous l'avons vu, est une famille. Le lien qui en rapproche les différents membres est le dévouement à une même cause. Cette cause est celle de l'enfant, qui absorbe tous les intérêts particuliers ; ou plutôt, dans l'internat chrétien, il n'y a plus d'intérêts, en dehors de ceux qui tiennent à l'instruction et à l'éducation. C'est pourquoi les maîtres sont tenus de résider dans l'établissement et de vivre de la vie des élèves. Ils les accompagnent dans tous les exercices généraux, sur les cours, au réfectoire, à la chapelle. Tous jouissent des mêmes fêtes, participent aux mêmes délassements, et mettent en commun leurs joies et leurs tristesses. Grâce à cette influence et de jour et de nuit, l'esprit de famille, l'esprit du bien passe des professeurs aux élèves et gagne de proche en proche. Cette action bienfaisante ouvre la voie aux instincts généreux et tarit la source du mal : « L'esprit religieux qui animait nos maîtres, dit Lamartine dans *ses Confidences*, nous animait tous... Ils commencèrent par me rendre heureux, ils ne tardèrent pas à me rendre sage... La piété se ranima dans mon âme [1]. »

Ainsi, l'influence secrète et persévérante de la vie commune, resserrée jusqu'à l'intimité et fécondant des semences de vertus cachées dans l'âme de l'enfant ; voilà le premier moyen d'action que possède l'internat chrétien.

L'internat universitaire ne peut imposer à ses

[1] Lamartine, *Confidences.*

professeurs d'habiter sous le même toit, de manger à la même table que leurs élèves, de vivre de leur vie, sur les cours de récréation, aux promenades, de supporter le fardeau de l'éducation, de concert avec les maîtres d'études. Ce sont des hommes du dehors, partagés entre les affections, les soucis de leur propre maison et les préoccupations de leur charge d'instituteurs ou de leur avancement. Ils ne peuvent demeurer continuellement avec leurs élèves et ne leur appartiennent pas exclusivement. Aussi, abandonnés à eux-mêmes, les internes d'un lycée, en présence habituelle avec les maîtres d'études, qu'ils considèrent comme des gardiens, sont-ils de « vrais prisonniers », comme dit M. Taine. Ils ont laissé pour une année à la maison leurs titres de fils de famille.

PRISON ET FOYER PATERNEL, PREMIÈRE CONTRADICTION

Le second mode d'action que possède l'internat chrétien est *l'autorité de l'exemple.* « Toutes nos facultés se développent par leur union avec l'infini, c'est-à-dire avec Dieu [1]. » Pour opérer cette union, deux choses sont nécessaires : le sacrifice des instincts de nature et l'élévation des puissances de l'âme vers l'idéal. Or, rien ne favorise cette élévation de nos facultés, comme la pratique de la religion ou les habitudes de foi, puisées dans un milieu favorable. Peut-on trouver quelque chose de mieux à désirer sous ce rapport, en dehors de la famille, que l'internat chrétien, où les professeurs, par le fait seul de leur vocation ou d'un attrait spécial, s'adonnent si souvent aux exercices de piété devant leurs élèves ? La vie du prêtre est pour eux comme un enseignement vivant, une sorte de leçon de choses morale qui les frappe bien autrement que toutes les théories qu'on pourrait leur développer, sans y joindre la pratique. A côté des leçons par les yeux, il y a l'attrait qui s'attache, dans un collège ecclésiastique, aux solennités du culte. Le charme qui se dégage de ces fêtes est encore plus poétique dans une maison d'éducation que partout ailleurs. Il emprunte aux cir-

---

[1] L'abbé Méric, *op. cit.*, p. 172.

constances je ne sais quelle grâce, qui pénètre l'âme et l'incline vers la vertu. On pourrait donc définir l'internat chrétien : une atmosphère de foi qui enveloppe le cœur de l'enfant pour l'élever jusqu'à Dieu.

La seconde condition nécessaire pour opérer l'union des puissances de l'âme avec l'infini est le renoncement aux instincts de nature. L'internat doit donc être pour l'enfant l'apprentissage du sacrifice. C'est bien là, en effet, que la démonstration de l'exemple doit revêtir toute sa force. Le collège ecclésiastique me paraît suffisamment armé pour cela. L'enfant est naturellement observateur; il saisit sur le vif les qualités ou les défauts de ceux qui l'approchent et se trompe rarement sur la valeur du motif qu'on lui oppose, quand on veut lui en imposer. Les élèves, en particulier, ont l'habitude de scruter la conduite de leurs maîtres, pour faire le diagnostic de leur valeur morale et de s'appuyer sur le résultat de leur analyse, pour s'autoriser de leurs exemples, soit dans le bien, soit dans le mal. Or, l'élève de l'internat chrétien ne peut

se méprendre sur le résultat de ses enquêtes.
Quand il voit ses professeurs, assidus du matin
au soir, à leur tâche d'éducateurs, disant adieu
au monde, pour la mieux remplir, renonçant à
des plaisirs légitimes et plus en rapport avec
leur âge, pour partager ses jeux et ses délassements, foulant aux pieds, vingt fois le jour, des
répugnances naturelles, afin de se faire des habitudes et une existence en dehors des règles communes, il lui est difficile de croire que c'est par
amour du gain et pour se ménager des moyens
d'existence contre des retours de fortune, qu'ils
se soumettent à ces exigences. Les pensionnaires savent que le traitement de leurs maîtres
est modique et que le superflu, quand il en reste,
est souvent consacré à leurs amusements. C'est
donc le dévouement en action que les élèves ont
sous leurs yeux et ils ne l'ignorent pas. Le dévouement suppose le sacrifice: ce raisonnement
s'impose, même à l'enfant, et quand le dévouement est continu, le sacrifice est continu.

Ainsi l'internat chrétien est l'école du sacrifice,
et c'est par l'enseignement pratique, le meilleur

de tous, que les jeunes gens apprennent la science si difficile du renoncement à leurs instincts de nature.

De fait, l'internat chrétien réalise, par l'autorité de l'exemple, qui est son second mode d'action, le but de l'éducation ; il apprend aux élèves l'art de s'élever vers Dieu, en domptant leurs appétits mauvais.

Dans l'internat de l'État, l'autorité de l'exemple, abandonnée à l'influence du maître d'études, est nulle et, alors, le plus souvent, le lycée devient l'apprentissage de la vie en dehors de Dieu, comme le constate M. Francisque Sarcey, car « le souffle de libre pensée, qui se dégage bon gré, mal gré, des vieux murs d'un établissement universitaire [1] », n'est que l'esprit d'incrédulité qui gagne forcément le cœur des jeunes gens. Or l'incrédulité, au lieu d'élever l'âme vers l'idéal, la rabaisse, lâche la bride aux passions, au lieu de les dompter.

[1] *Le Gaulois*, 9 décembre 1887.

FOI, INCRÉDULITÉ : DEUXIÈME CONTRADICTION

Le troisième mode d'action que possède l'internat est *l'influence de la doctrine.*

On peut discuter dans un enseignement didactique, sur les différentes formules du devoir. Dans l'éducation une seule est acceptable, parce qu'elle est pratique, c'est celle que fournit la doctrine catholique et que, dans un pensionnat religieux, on invoque sans cesse aux yeux des élèves : « Dieu vous a créés, leur disons-nous. A ce titre, il a droit à toute votre soumission et à tous vos respects. Or, Dieu ne vous commande pas par lui-même ; il vous ordonne par la bouche de vos parents qui sont, ici-bas, ses premiers délégués naturels, en sorte que vous devez avoir pour vos parents la déférence qui s'attache aux représentants de l'autorité divine. Votre père et votre mère sont comme les « ciboires vivants » de la Providence, c'est une obligation pour vous de les entourer d'un culte spécial, qui s'appelle la piété filiale. Nous, les mandataires choisis par eux, volontairement, et en toute liberté, nous devenons, de ce chef, leurs suppléants attitrés auprès de Dieu, et, quand nous vous donnons des ordres, c'est Dieu lui-même qui vous les impose. C'est à lui que vous obéissez et c'est lui qui vous tiendra compte de votre conduite pour vous récompenser ou pour vous punir. » Qui ne sent la force de cette doctrine, surtout quand elle est versée dans une âme encore toute neuve par un homme dont le caractère ajoute à l'autorité qu'il tient des parents ?

Il fut un temps où l'État acceptait cette formule et cette doctrine dans ses établissements. Aujourd'hui, il n'en veut plus, sous prétexte de ne pas gêner la liberté de conscience. L'homme qui pouvait le mieux parler aux élèves, dans ce sens, n'est plus seulement contrarié, comme le disait, il y a quelques années, l'abbé Marty[1], on va jusqu'à écarter, autant que possible, sa présence « des salles d'études et des récréations ». « Les proviseurs » ne veulent plus que le représentant de l'autorité divine « habite au lycée[2] », et ils

---

[1] *Les aumôniers universitaires*, op. cit.
[2] *Gaulois*, journal cité.

ont raison, ajoute M. Francisque Sarcey, « car son intrusion tracassière dans tous les détails de l'administration est un danger, et pour la paix de l'établissement, et pour la discipline des esprits.[1] » Ainsi, l'aumônier, le seul homme qui ait autorité pour faire valoir la doctrine catholique dans l'internat de l'État, devient une charge qu'on jettera par-dessus bord, au premier jour ; ce n'est plus qu'une question d'opportunité aux yeux mêmes de M. Gréard. Quand l'œuvre aura été accomplie, l'internat chrétien sera bien véritablement, sur tous les points, la contradiction absolue, au point de vue moral, de l'internat de l'État. On ne peut même pas, contre mon assertion, faire valoir le principe de neutralité. La neutralité, en soi, est une contradiction de la doctrine catholique. « Quiconque n'est pas pour vous, a dit Jésus-Christ, est contre vous. »

Il importe maintenant, au point de vue physique, de voir ce que sont les internats chrétiens, vis-à-vis des internats de l'État.

[1] En 1882, M. Duvaux, alors ministre, décida que les aumôniers ne seraient plus logés dans les lycées. En 1887, la Chambre, sur la proposition de M. Millerand, réduisit à 60,000 fr. le crédit affecté à l'aumônerie catholique.

Je n'ai pas l'intention de faire ici une statistique de comparaison entre les collèges universitaires et les maisons d'éducation religieuse. Vouloir affirmer qu'ici tout est bien, que là, tout est mal, serait une prétention d'autant plus ridicule que l'État a des ressources nombreuses et suffisantes, pour accorder à ces établissements un confortable de concurrence qui lui assure une place d'honneur dans certaines localités. Cependant, en général, les avantages matériels, au point de vue de la situation et de l'hygiène, paraissent être du côté des pensionnats tenus par le clergé et par les congrégations, et cela, pour deux raisons. La première, c'est que nos maisons, proportions gardées, sont plus multipliées que celles de l'État dans le même rayon. Le nombre des élèves devient, de ce fait, moins considérable dans chacune d'elles, et nous évitons, par là même, ces agglomérations dont parle le docteur Charlier, et qui rendent les internats « malsains matériellement [1] ». Ainsi, en consultant l'annuaire de l'enseignement libre de Gaume,

[1] *XIX° Siècle*, journal cité.

on ne trouve guère, en France, que dix-huit à
vingt pensionnats, possédant de trois cents à trois
cent cinquante élèves, et tous ne sont pas internes. Cinq à six collèges dépassent le chiffre
de quatre cents élèves. L'institution Sainte-Marie, à Besançon, compte cinq cents élèves ;
l'institution Notre-Dame-des-Victoires, à Roubaix,
l'école libre de Saint-Joseph, de Lille, vont jusqu'à cinq cent cinquante élèves, mais les pensionnaires sont loin d'atteindre ce nombre.
L'institution de la Malgrange, à Nancy, réunit
sept cents élèves, il est vrai, mais divisés en
trois maisons, et partagés suivant leur âge ou
suivant leur condition d'internes ou d'externes.
Je ne parle pas de la ville de Paris et des environs qui font exception et qui doivent nécessairement faire exception à la règle. Nos maisons
d'éducation, moins chargées de pensionnaires
que celles de l'État, présentent donc ordinairement
plus de garanties, au point de vue de l'hygiène.

Voici la deuxième raison de notre avantage
sous le rapport matériel. Autant que possible, les
internats religieux sont construits à la campagne,

et, si la nécessité oblige de les rapprocher des centres, ils sont établis aux portes des villes, dans un endroit écarté, séparé du tumulte et des agitations de la cité. Ce n'est pas seulement une question de salubrité physique, mais un intérêt de préservation morale qui guide les fondateurs vers cette mesure. Et puis, on s'imagine, avec raison, que le cœur de l'enfant est plus à l'aise dans un horizon qui s'étend à souhait devant les yeux. Autant l'âme est accablée, quand le corps est resserré dans une étroite enceinte, autant elle se dilate quand il jouit en liberté du grand air et de l'espace. Ce qu'il faut aux jeunes gens, ce sont les perspectives riantes des champs, un collège taillé au large dans un décor de verdure.

Aussi l'Église, aux siècles passés, a-t-elle choisi, de préférence, pour construire ses monastères et ses écoles, des lieux solitaires, parés des délices de la nature. Cette tradition ne s'est pas perdue, un très grand nombre d'internats religieux sont entourés de parcs et de dépendances, qui en font des séjours charmants : ils réalisent ainsi le vœu que M. Gréard formulait pour les établissements universitaires, que l'illustre académicien voulait installer à la campagne, dans un cadre comprenant de quatre à cinq cents jeunes gens [1].

Ainsi, en règle générale, supérieurs aux internats de l'État, parce qu'ils évitent des agglomérations trop considérables d'élèves, les internats religieux l'emportent encore sur ces derniers, eu égard à la position qu'ils occupent ordinairement à la campagne, ou dans des lieux écartés du centre des villes.

Je suis donc en droit maintenant de reprendre la définition de M. Paul Bert et de dire que les établissements d'éducation religieuse sont « des foyers de contre-révolution », établis dans des conditions d'hygiène et de salubrité morale qui les rendent supérieurs aux internats de l'État. C'est la pensée de M. de Laprade : « L'État pourra devenir un passable instituteur, il ne sera jamais une mère. La politique doit céder ce rôle auguste à la Religion [2] » et c'est pourquoi M. Gréard écrivait, récemment encore : « Nous n'aimons

[1] *XIXe Siècle*, journal cité.
[2] *Éducation homicide*, p. 50.

pas le principe de l'internat, nous travaillons à en réduire l'usage, mais il nous paraît impossible d'en supprimer l'institution [1]. »

Il est donc probable que les internats chrétiens auront encore à lutter, d'ici quelques années, contre les internats de l'État, à moins qu'une nouvelle loi d'ostracisme nous jette dehors en pâture aux appétits grossiers et aux revendications de la foule. Cette situation qui nous est faite, nous l'acceptons de grand cœur.

Au moment où le monde païen, qui avait flétri le travail manuel, par la bouche de ses poètes et de ses orateurs, s'abîmait dans une honteuse oisiveté et inclinait vers sa fin, l'Église s'était saisie de l'instrument du laboureur et de l'artisan, ennobli par les mains d'un Dieu, et l'avait confié à ses premiers disciples. Ainsi armés, les prêtres et les clercs se répandirent partout et fondèrent ces collèges de travailleurs, dont se raillait Celse, mais qui arrêtèrent un moment l'empire dans sa chute, sauvèrent plusieurs fois Rome de la famine et assurèrent le salut du monde nouveau sorti de l'invasion barbare.

[1] *XIXe Siècle*, journal cité.

Aujourd'hui, ce n'est plus la faim qui pèse sur les sociétés pour les détruire. Le fléau qui les désole est plus grave encore, c'est l'esprit révolutionnaire, fatal avant-coureur d'un cataclysme aussi épouvantable que celui qui engloutit le monde ancien. Pour conjurer ce péril des temps modernes, l'Église, entre autres œuvres de dévouement, a ouvert, ici et là, des établissements qui sont comme des places fortes, destinées à combattre l'invasion du mal et à la refouler. Puisse-t-elle réussir et refaire à la France une nouvelle vie ! Il existe encore des Celses qui nous couvrent de leur ridicule. Peu importe ! Nous avons, derrière nous, un passé glorieux, nous l'opposons en démenti à ceux qui nous accusent, comme M. Ferry de « n'invoquer la liberté que pour édifier la servitude[1] ». Nous l'offrons en espérance à ceux qui croient aujourd'hui que la patrie a besoin d'un évangile différent de celui qui est contenu dans les théories de l'*Emile*, ou dans les pages du *Contrat social*.

---

[1] Réponse de M. Ferry à M. Macé dans le journal *La Ligue des patriotes*. V. *La Défense*, 12 mai 1879.

CHAPITRE XI

LES CATHOLIQUES ET LES ÉCOLES D'ENSEIGNEMENT
SECONDAIRE SPÉCIAL. — CONCLUSION

J'ai constaté dans une première partie de mon travail les avantages que les familles pouvaient tirer de l'enseignement secondaire spécial, au point de vue pratique. J'ai montré que l'existence de cet enseignement est une conséquence nécessaire de l'état actuel de la société ; je me suis attaché ensuite à développer cette idée que le plan d'études et les programmes actuels, considérés dans la généralité et dans leur ensemble, sont non seulement suffisamment bons pour l'instruction utilitaire des enfants de la classe moyenne, mais qu'ils offrent encore, dans l'étude de la langue française, un instrument excellent de culture intellectuelle et morale. C'était un travail de simple exposition pédagogique, dans lequel j'ai mis en lumière les avantages de l'enseignement secondaire spécial, sans détrôner l'enseignement classique.

Dans une seconde partie j'ai fait voir que le clergé, depuis les temps les plus reculés du moyen âge jusqu'à nos jours, s'était intéressé à la question de l'enseignement utilitaire, non seulement en théorie, mais en pratique.

Ici, je suis sorti de l'ordre purement spéculatif, pour entrer dans les faits : mon œuvre a été un ouvrage de défense en faveur du clergé actuel et de celui d'autrefois.

Dans une troisième partie, j'ai essayé de prouver que l'idée, le plan, les programmes de l'enseignement secondaire spécial sont contenus en germe dans les maîtres ecclésiastiques du XVIIe et du XVIIIe siècles, en sorte que nos pédagogues contemporains n'ont rien créé de neuf ni d'original. Je suis même allé plus loin, dans la critique de l'organisation de l'enseignement spécial, en Allemagne et en France ; j'ai pris acte des paroles de nos adversaires, pour montrer

que, sans le clergé, le représentant naturel de
l'instruction libre, l'Université, malgré sa science
incontestée et son autorité dans les questions
d'enseignement pratique, ne pouvait rien édifier
de complet et de définitif.

La lutte que j'avais commencé à engager a
changé de tactique. De défensive qu'elle était,
elle est devenue offensive.

Dans une quatrième partie, j'ai conservé à la
discussion le même caractère. Nos avantages,
sous le rapport de l'éducation, sont incontestables, je les ai fait valoir. C'était mon droit, en
présence des agressions de nos adversaires, que
j'ai repoussées, en pénétrant dans leurs positions
et en les retournant contre eux. En définitive, je suis parvenu à établir que nos établissements fournissaient, de fait, toutes les conditions requises pour l'instruction pratique et la
formation des élèves. C'est le but que je désirais
atteindre. Ma conclusion générale, la voici :

Les parents qui confient leurs enfants aux maisons d'éducation religieuse, ouvertes aux intérêts
de la classe moyenne, font preuve de sagesse et

de prévoyance. Ils ne se trompent pas de porte, comme on dit vulgairement. Le clergé est suffisamment outillé. Il a pour lui un passé glorieux, c'est un titre en garantie qu'il peut joindre aux recommandations du présent, pour s'assurer la confiance des familles.

Cette conclusion amène, avec soi, des réflexions qui sont de nature à toucher les catholiques qui ont souci de l'avenir matériel et moral de leur pays. Elles intéressent donc le bien général et il importe de les faire ressortir.

A mesure que nous nous éloignons des tristes événements de *l'année terrible*, il semble que nous perdions le souvenir des enseignements qu'ils ont apportés avec eux. Ce n'est pas, au lendemain de la guerre, que nous eussions vu, étalées aux vitrines des libraires, ces images grossières, recouvertes de l'approbation de l'État, qui insultent les personnes et les caractères les plus sacrés. La soutane du prêtre et celle du frère des écoles chrétiennes étaient respectées alors. On avait vu sur les champs de bataille trop d'héroïques dévouements pour ne pas s'incliner devant ceux qui en avaient donné le spectacle. C'était le temps où M. Francisque Sarcey lui-même chantait dans les articles du *XIXe Siècle*, la louange de la religion et de ses ministres. C'était l'époque où la grande famille française venait de recouvrer ses titres que la Révolution avait égarés. Tous, nous étions confondus dans un sentiment d'indicible amour à l'égard de la patrie, et les hommes les plus irréligieux comprenaient la nécessité d'un retour prompt et énergique vers les principes de foi chrétienne. Aujourd'hui, la franc-maçonnerie a repris son œuvre interrompue, elle a envahi les sphères gouvernementales, elle s'est insinuée dans les classes, elle prend possession de l'enseignement, et bientôt nous serons débordés. Il importe de dégager, autant que possible, l'enseignement spécial du fléau. C'est une question non seulement d'ordre religieux, mais d'intérêt social.

On se rappelle les discours de M. Gambetta aux voyageurs et aux employés de commerce. C'est à eux que le tribun voulait confier le soin de propager ses doctrines. Il eut l'habileté de conquérir dans leurs rangs de nombreux apôtres, auxquels il souffla un zèle de propagande dont les effets se firent sentir jusque dans le plus reculé de nos hameaux. M. Gambetta fit un coup de maître qui fut imité. Aujourd'hui, la propagande d'enrôlement pour la franc-maçonnerie se continue parmi les employés de commerce et parmi les chefs de bureaux et d'ateliers. On connaît la force d'influence dont jouissent ces hommes, soit sur leurs subalternes, soit sur leur entourage; on en profite pour insinuer, par leur canal, des théories révolutionnaires qui s'infiltrent peu à peu dans les masses et finissent par les corrompre. Or ces instruments de propagande, qui les fournit? l'enseignement primaire, sans doute, mais surtout l'enseignement secondaire spécial, qui a supplanté l'enseignement primaire supérieur. A ce titre, nos établissements d'éducation moyenne ne sont-ils pas recommandables aux catholiques?

Vous voulez enrayer le mouvement anti-social? usez de votre autorité, de vos conseils, de tous vos moyens pour diriger vers nos maisons religieuses les 'jeunes gens qui auront un jour, en leur possession, cette puissance morale et intellectuelle, dont nos adversaires se servent au profit de leur doctrine. Nous élevons, nous aussi, des hommes de propagande. Par leur entremise, nous poussons à la contre-révolution d'une manière assurément plus efficace que ne peuvent le faire les maîtres qui s'adressent aux enfants de la classe dirigeante, parce que nos élèves ont une influence immédiate, directe, sur les classes inférieures de la société, avec laquelle ils sont en relation continuelle. Nos établissements d'enseignement moyen ne seront jamais nombreux pour tenir tête à la concurrence.

L'enseignement secondaire spécial se recrute, non seulement parmi les jeunes gens qui auront à se faire voie dans les carrières industrielles et commerciales, mais aussi, parmi les hommes de la campagne, et, c'est surtout d'enfants, appartenant aux riches fermiers, que notre contingent se compose. Or, aujourd'hui, quel est l'homme en vue dans nos campagnes, celui qui est consulté, dont on subit volontiers les idées,

sans arrière-pensée de retour, est-ce le châte-
lain, le propriétaire rentier ? Trop souvent ces
hommes ne vivent pas assez avec le monde qui
les entoure pour en connaître les aspirations
secrètes et les diriger. Celui auquel va l'influence,
c'est le jeune homme qui a passé quelques
années à la ville, pour compléter son instruction
première et qui rapporte dans son bagage scientifique, au lieu de connaissances spéculatives,
des notions pratiques d'ordre commun nécessaires actuellement à tout individu qui veut gérer
ses affaires et conduire les intérêts de ses con-
citoyens. C'est du terre à terre, sans doute, mais
il n'en est pas moins vrai que cette situation
est acquise, avec laquelle il faudra compter de
plus en plus. C'est donc faire preuve de sagesse
que de favoriser, pour cette seconde raison, les
établissements religieux d'enseignement spécial.

Il y a des hommes qui souffrent de voir les
enfants de la campagne déserter l'école du village pour aller s'instruire à la ville dans nos
pensionnats. C'est à tort, les parents sont con-
duits dans cette voie par des motifs d'intérêt

matériel et religieux ; les maîtres d'école ruraux n'offrent pas toujours, en effet, des garanties suffisantes à ce double point de vue, et puis, quoi qu'on fasse, cette pratique est passée dans les mœurs, on ne parviendra jamais à réagir suffisamment contre le courant pour l'arrêter.

La vraie philosophie consiste à se conformer aux opinions généralement reçues pour en tirer le meilleur parti. Les enfants riches de la campagnes iront nécessairement en pension. Faut-il abandonner les parents à l'influence de l'instituteur, qui les dirigera du côté de nos ennemis, ou bien, faut-il prendre les devants et les amener vers nous ? Toute la question est là.

Oui, les catholiques auraient tort de se désintéresser des écoles moyennes. On a commis la faute énorme d'abandonner l'ouvrier à ses propres inspirations, il est tombé entre les mains des libres penseurs, qui l'ont tourné contre nous. On cherche maintenant à remédier au mal. Grâce aux cercles, aux patronages catholiques, nous regagnons peu à peu le terrain que nous avons perdu, mais au prix de quels sacrifices et de quel dévouement!

Ne laissons pas le conducteur de l'ouvrier, son chef naturel, le maître de l'industrie ou de la maison de commerce, le premier employé au bureau ou dans l'atelier, entre des mains étrangères ou hostiles et n'abandonnons pas non plus le conseiller et le guide de nos populations rurales. Ceux-là seraient perdus pour toujours.

Cette vérité a été comprise par un grand nombre de catholiques influents, qui ont entouré de leur protection efficace les établissements d'enseignement moyen. Ils relèvent, par leur présence, les fêtes du collège, s'intéressent aux progrès des élèves, en asistant à leurs examens, en leur décernant des diplômes d'honneur qui leur servent ensuite de recommandation auprès de nos grands industriels, de nos commerçants ou de nos propriétaires de fermes modèles. Les parents s'estiment heureux d'avoir confié leurs enfants à des maisons d'éducation qui, à défaut de l'éclat officiel dont se décorent les pensionnats de l'État, ont, pour eux, le prestige qui accompagne le patronage d'hommes de bien, haut placés. Les enfants de la campagne, de retour dans leur pays, sont naturellement disposés à continuer d'accorder leur confiance aux gens de la classe dirigeante, qui ont été, de concert avec leurs maîtres, leurs premiers conseils, l'appui et la gloire de leurs jeunes années. Les enfants des villes, à leur entrée dans la vie, sont prémunis contre les influences pernicieuses des compagnons de leur âge, qui n'ont souvent retenu de leur éducation qu'un sentiment d'aigreur contre les hommes qui leur sont supérieurs par la situation et par la fortune. Les maîtres, également, sont plus vaillants à la tâche, parce qu'ils se sentent compris et soutenus. C'est ainsi que le bien se fait par le concours de toutes les intelligences et de toutes les volontés.

Il serait à désirer que ces exemples fussent suivis partout, et qu'il se formât ainsi, autour de chaque maison d'éducation religieuse, des associations, destinées à les couvrir et à s'intéresser à leur prospérité matérielle et morale. Ce serait un appoint considérable donné à la cause religieuse dans chaque contrée. Les catholiques fonderaient aussi, par là même, des centres de résistance locaux contre tout retour de lois d'ostracisme dirigées contre l'enseignement libre. En stratégie, celui qui prévient son ennemi a sur lui bien des chances de victoire. Nous ne pouvons nous en assurer de trop nombreuses.

Il y a, depuis quelques années, dans les hautes classes de la société, un courant d'opinion en faveur des institutions catholiques. On m'avait assuré que je pouvais me servir de cette tendance des esprits éclairés pour l'œuvre de nos écoles d'enseignement moyen. On ne m'avait pas trompé.

Des hommes considérables du département de Maine-et-Loire m'ont ouvert spontanément les colonnes de leur journal après mes premiers articles parus dans la Semaine Religieuse ; quelques-uns, parmi eux, m'ont encouragé par des lettres ou par des paroles pleines de sympathie ; j'ai eu pour moi le concours puissant de tous mes confrères, et l'approbation de Sa Grandeur Mgr Freppel. C'est le meilleur suffrage dont je puisse me réclamer auprès du public. Si je réussis, c'est donc à cet ensemble heureux de circonstances que je le devrai, plutôt qu'à la bonté de ma plume et à la valeur de mon ouvrage.

FIN.

APPENDICE

SANCTIONS

DU BACCALAURÉAT DE L'ENSEIGNEMENT SECONDAIRE SPÉCIAL

A la suite d'un accord intervenu entre le ministre de l'Instruction publique, des Beaux-Arts et des Cultes et ses collègues des divers départements ministériels, les sanctions, ci-après déterminées, ont été accordées au baccalauréat de l'enseignement secondaire spécial, savoir :

1° — Ministère de l'Agriculture.

Les bacheliers de l'enseignement spécial seront admis, au même titre que les autres bacheliers, au concours pour l'école forestière et pour l'administration centrale.

2° — Ministère du Commerce et de l'Industrie.

Les candidats aux emplois dans l'administration centrale, pourvus du grade de bachelier de l'enseignement spécial, auront, comme les bacheliers ès lettres, un avantage de 10 points sur les bacheliers ès sciences.

3° — *Ministère des Finances.*

Le baccalauréat de l'enseignement spécial sera assimilé aux autres baccalauréats dans les concours pour les emplois suivants :

1° Administration centrale. — Commis stagiaire ;

2° Enregistrement. — Cadres auxiliaires ;

3° Perceptions ;

4° Manufactures nationales.

4° — *Ministère de la Guerre.*

1° Le baccalauréat de l'enseignement spécial permettra de se présenter aux concours pour l'administration centrale ;

2° Il sera assimilé au baccalauréat ès sciences dans les concours pour l'école polytechnique et l'école spéciale militaire, un avantage de points étant cependant réservé aux candidats pourvus du baccalauréat ès lettres ;

3° Il dispense de l'examen pour le volontariat d'un an.

5° — *Ministère de l'Intérieur.*

Le baccalauréat spécial constituera un titre égal à celui des autres baccalauréats pour les candidats aux emplois de commis expéditionnaire à l'administration centrale.

6° — *Ministère de la Justice.*

Les candidats aux emplois de commis expéditionnaire de l'administration centrale pourront produire le baccalauréat de l'enseignement secondaire spécial aux mêmes titres que les autres baccalauréats.

7° — *Ministère de la Marine et des Colonies.*

Le baccalauréat de l'enseignement spécial donnera les mêmes avantages que le baccalauréat ès sciences dans les concours :

1° Pour les administrations centrales de la Marine et des Colonies;

2° Pour le personnel administratif secondaire des ports et arsenaux;

3° Pour les emplois de pharmacien de 1re classe.

8° — *Direction des Postes et des Télégraphes.*

Dans les divers concours, les bacheliers de l'enseignement spécial auront un avantage de points sur les autres bacheliers.

9° — *Ministère des Travaux publics.*

Le baccalauréat de l'enseignement spécial permettra de prendre part aux concours pour l'emploi de rédacteur à l'administration centrale et dispensera de l'examen pour l'emploi d'agent secondaire des ponts-et-chaussées.

10° — *Ministère de l'Instruction publique, des Beaux-Arts et des Cultes.*

Aux termes de l'article 8 du décret du 28 juillet 1882, les candidats pourvus du baccalauréat de l'enseignement secondaire spécial sont admis à se présenter aux examens des licences ès sciences.

En outre, ledit baccalauréat est équivalent au baccalauréat ès sciences restreint pour les études médicales.

Il est assimilé au baccalauréat ès sciences dans les concours pour l'admission aux emplois de l'administration centrale et de l'administration académique.

TABLE DES MATIÈRES

INTRODUCTION

CHAPITRE I

NÉCESSITÉ DE L'ENSEIGNEMENT SECONDAIRE SPÉCIAL

CHAPITRE II

LE PLAN D'ÉTUDES, LES PROGRAMMES

CHAPITRE III

LE CLERGÉ ET L'ENSEIGNEMENT DES SCIENCES GRAPHIQUES

CHAPITRE IV

LE CLERGÉ ET L'ENSEIGNEMENT DES SCIENCES UTILITAIRES
AU XVIII SIÈCLE

CHAPITRE IX
DE L'INTERNAT EN GÉNÉRAL

CHAPITRE X
DE L'INTERNAT EN PARTICULIER

CHAPITRE XI
CONCLUSION. — LES CATHOLIQUES ET LES ÉCOLES D'ENSEIGNEMENT SECONDAIRE SPÉCIAL